JN418443

코칭하는 부모되기

즐거운 자기주도 학습 이야기

| 셀프파워의 비밀 |

임재호 저

도서출판 두남

책을 내면서

책 쓰는 일이 이토록 어려운 일인 줄 몰랐다. 특히 컴퓨터 작업을 하면서 밤을 반쯤 지새는 날이 늘어날수록 힘듦이 더해지는 것 같다. 시간이 날 때 마다, 생각이 떠오를 때마다, 강의 중 또는 강의를 마친 후 떠오르는 생각을 기록하고 조금씩 정리해 나갔다. 5-6년 전부터 조금씩 글을 써오던 것을 본격적으로 책 내용으로 준비한 것은 2년 남짓 된 것 같다.

코칭, 상담분야를 연구하면서 대다수의 사람들이 자신들 영역 확대를 위해 필요할 때마다 용어를 혼용해서 사용하고 있음을 알게 되었다. 요즘은 "자기주도학습"이 인기를 끌다 보니 여기저기 자주 볼 수 있는 용어이다. 그러나 막상 그 내용을 들여다보면 크게 다르지 않는 내용들이 대부분이다. 코칭이라는 영역도 마찬가지이다. 영업목적상 코칭이라는 용어를 사용하고 있는 경우가 너무 많다. "학습코칭" 이라는 주제로 교육을 하는 사람들도 코칭에 대한 연구가 부족한 상태에서 용어를 선택하여 사용하는 느낌을 지울 수 없다.

이 책에서는 혼란스러운 영역 구분과 개념정립을 위해 길을 제시하였다.

또한, 이 책은 학습코칭을 통해 학습과 생활에 도움이 되고자 좀 더 자세히 좀 더 효과적으로 적용 할 수 있는 안내를 하고자 노력하였다.

학습에 있어서 우리 부모들은 다 알고 있는 내용에 대해 "어디 그렇게 하기가 쉬운줄 아세요"라며 스스로에게는 관대하게 적용하는 경우를 자주 경험한다. 결과는 후회스러운 일이 기다리고 있을 뿐이다.

학습심리, 코칭, 리더십, 학습지도, 상담치료 라는 분야를 통합해서 학습코칭에 관한 책을 쓰면서 "내가 성장할 때 이런 분야가 있었더라면…"하는 아쉬움이 계속 들었다. 혼자서 학습 계획세우고, 혼자서 책 보고, 혼자서 시험결과에 대해 분석하던 생각이 난다. 그래서 책상에 앉아있는 시간에 비해 성적은 좋지 않았다. 진로 역시 30대가 되어서야 내가 진정으로 가고 싶어하고 가야만 하는, 그러면서도 만족스럽게 몰입할 수 있는 일을 찾게 되기도 했다. 그 일이 현재 나를 대변하고 있는 코칭, 상담 분야이다. 돌이켜 보면 몰라도 너무 몰랐던 것 같다. 정보도 없었고 안내해주는 사람도 없었다. 그만큼 방법, 절차에 대해 무지 했던 것이다.

내가 이 책을 쓰기로 결정한 이유는 이러한 무지를 벗어나 잘 할 수 있는 아이들에게 좀 더 일찍, 좀 더 정확하게 좋은 길 안내자가 되고 싶어서이다. 즐거운 학습코칭이야기를 통해 학습에 대해, 코칭에 대해, 학습상담에 대해, 부모 - 자녀관계에 대해 길을 제시하고자 한다.

소중히 여기면 소중한 것이 되고 이루어진다.

독자들께서는 이 책에 나오는 내용을 평가하기 보다는 "나에게 도움이 될 만한 것이 뭐가 있을까" 라는 시각으로 보면 도움이 더 될 듯하다.

학습에 대한 체계적인 연구활동과 사회적 공헌을 위해 설립한 우리 학습코칭학회가 잘 발전되어서 자라나는 아이들에게 좋은 도움이 되었으면 하는 마음이다.

국가의 안위와 수호를 위해 노력하는 우리 군 가족과 읍, 면단위 지역에서 근무하는 부모들 덕분(?)에 상대적으로 학습에 관해 여건이 어려운 우리 군 자녀들에게 좋은 도움이 되었으면 한다.

학문은 실용적이어야 한다고 생각한다. 기초이론분야는 이론분야 정립을 위해 연구를 지속 하듯이 상담, 코칭이라는 학문은 현실에서 도움이 되어야 한다고 본다. 변화하는 사회에 지속적으로 적용되어 실제 부모-자녀에게 도움이 될 수 있도록 실용적인 연구가 계속되어야 한다.

학습코칭분야는 그러한 요구에 효과적으로 대응 할 수 있을 것이다.

가족관계 문제로 인해 성장과정에서부터 심리적인 어려움을 겪는 아동들을 대할 때 마다 안쓰러운 마음과 연구를 더 열심히 해야겠다는 마음, 반성하는 마음을 가지게 된다. 좀 더 건강한 가족관계, 건강한 아이들로 성장할 수 있는 사회가 되기를 바란다.

2010년 2월 성무대 연구실에서

저자 임 재 호

학습심리 + 코칭 + 상담 + 학습/진로검사 + 학습계획 + 발달심리를 통합한 학습코칭전략 지침서

모든 일은 한 가지 원인으로 발생되지 않는다.
학습성과도 마찬가지이다
부모 – 자녀관계, 습관, 성격, 친구관계, TV, 컴퓨터 등
아이생활의 여러 부분이 합쳐져서 나타난
결과물이라 할 수 있다.
각각 일어나는 일이 아니다.

- 임 재 호 -

이 책을 읽기 전에…

이 책에서는 학습코칭을 실제 활용하기 위한 방법을 제시하고자 한다.

시중 서점에는 부모 - 자녀관계, 학습, 의사소통에 관해 많은 책들이 나와 있다 보니 어떤 책부터 읽어야 할지 모를 정도이지만 정작 현실에 적용하여 활용하기에는 여러 가지 어려움이 뒤따른다.

다 아는 이야기 이고 그렇게 하려고 노력하고 있고 교육도 여러차례 받아 왔지만 왜 현실에서는 적용하기가 어려운 걸까?

가장 큰 이유는 "스며들지 않았기 때문"이다.

내성격, 습관, 스타일은 그대로 두고 몇 가지 기술만 익혀서 사용하려다보니 막상 현실에서는 답답함과 화가 먼저 나게 되고 이로 인해 준비해둔 내용을 적용해 보지도 못하는 경우가 대부분이다.

효과적인 해결방법으로 먼저 "나"에 대한 이해와 깨달음을 권하고자 한다. 나에 대해 잘 이해하지 못하면서 학생, 자녀들에게 학습, 생활을 지도하게 되면 대부분 코치 스스로가 힘들고, 화가나고, 답답해 하는 현실과 마주치게 되기 때문이다. 나에 대한 깨달음과 돌아봄이 없이 학습을 지도하면 "다스려지지 않는 현실"과 자주 만나게 된다. 이 책에서는 코칭에 대한 기본이해, 학습심리, 학습심리검사, 학습장애, 코칭스킬, 해결방안 등에 대해 전반적으로 살펴보고 현실 활용을 위한 코칭 활용방안을 제시하고자 한다.

많은걸 한꺼번에 하려는 성급함을 멀리하고 한가지씩 내것으로 만들려고 하는 자세가 필요하다. 태도와 자세 한 가지가 바뀌면 생활에서 3~4가지 이상의 변화가 따라온다.

어른들의 경우 사회생활의 현주소가 그 사람의 성격, 대인관계, 능력 등이 합쳐져서 사회생활의 결과물로 나타난다. 성격이 원만하면 대인관계도 원만하고 조직에서 생활도 무난히 잘하게 되며 능력 발휘도 잘 할 수 있는 여건이 만들어 지고 좋은 결과를 가져오게 될 수 있다. 선순환 구조를 띄는 것이다. 조직에서 주위의 도움도 뒤따르게 되고 기회가 왔을 때 여러면에서 다른 사람보다 좋은 기회를 가질 수 있게 된다.

이와 마찬가지로 학습은 아이들 생활의 결과물이라 할 수 있다. 아이들의 생활이 만족스럽고 잘 돌아가고 있으면 학습도 잘 이루어진다.

성적이 좋고, 나쁨의 차이도 발생하지만 자신의 진로를 잘 찾아갈 수있게 되고 결국 만족스러운 삶을 살 수 있는 성인으로 성장할 수 있게 된다.

학습코칭은 생활코칭이라 할 수 있다. 이 부분이 원활이 이루어지면 학습을 스스로 잘 챙기고 자신의 생활패턴에 대해 자율적으로 조절하는 능력이 길러지게 되며 이것이 바로 "자기주도학습", "셀프리더십"이라 할 수 있다.

소중히 여기고 노력하면 얻어진다. 학습도 마찬가지이다. 학습은 부모님이 시켜서 하는 것이 아니라 자신에게 "소중한 일"임을 깨닫게 해주고 소중한 것을 잘 관리 할 수 있는 능력을 길러주는 것에 중심을 두어야 한다. 이러한 방법과 절차는 학습코칭을 통해 효과적으로 정립이 될 수 있다.

많은 정보와 많은 노력을 아끼지 않는 부모들… 그러나 투입한 내용에 비해 결과물이 좋지 않은 경우가 많이 발생하는 현실이다.

어찌 보면 오늘을 살아가는 부모들의 자화상이라 할 수 도 있다.

아이를 위해서 뛰어다니는 건지, 자신의 욕구, 희망을 채우기 위해 뛰어다니는 건지, 아니면 나도 모르게 조바심이 나서 아이를 밀어붙이고 있는 건지 점검해볼 필요가 있다. 나만의 최선이 될 수 있기 때문이다.

부모 생활이 아이생활이 되고, 아이 생활이 부모생활이 되는 생활패턴을 좀 더 건강하게 바꾸어 볼 필요가 있다.

이 책은 잘하고 싶은데 엉켜있어서 실마리를 찾지 못하는 경우, 효과적인 학습방법을 찾지 못하고 힘들어 하는 경우 현명한 해결방법을 찾아보고 좀 더 발전할 수 있는 방안을 찾고자 한다.

많은 경쟁으로 인해 열심히 노력해도 좋은 결과를 얻기가 쉽지 않은 현실이다. 그렇지만 효과적인 방법을 통해 최선을 다해볼 필요는 있지 않을까?

자식일이면 뭐든지 다 해주고 싶고 내 아이 만큼은 남들보다 더 우수한 아이로 성장하기를 바라는 것이 모든 부모의 마음일 것이다. 이러한 마음이 학습코칭을 통해 아이들에게 잘 전달되기를 바라며 원활한 소통이 되기를 희망한다.

이야기순서

제 1 부 | 코칭에 대해 알고가기

제 2 부 | 발달심리와 코칭의 관계

제 3 부 ▮ 효과적인 학습코칭 전략

1부 코칭에 대해 알고가기

제1장 코칭에 대한 이해

1. 코칭이란?

코칭은 경영, 스포츠, 심리 등의 분야에서 다양하게 활용되고 있다. 정의도 학자별, 분야별로 다양하고 다르게 제시되고 있는 실정이다. 이러한 내용을 종합적으로 정리해 보면 다음과 같이 요약해 볼 수 있다.

개인의 잠재능력을 깨닫고 최대한 발휘하도록 촉진하는 과정으로 스스로 배우고 실행해 과는 과정이라 할 수 있다.

여기에 코치가 개인의 변화와 발전을 서포트하는 파트너십과정이라 할 수 있다.

가. 코칭의 역사

코칭의 역사 역시도 여러 가지 관점이 존재하지만 몇가지로 정리해 보면 소크라테스의 문답법에서 찾아볼 수 있다.

"나는 생각하게 할 뿐이다"라는 말에서 보듯이 무엇인가를 가르치기 보다는 스스로가 생각하도록 인도하는 과정을 중시했다는 점을 알

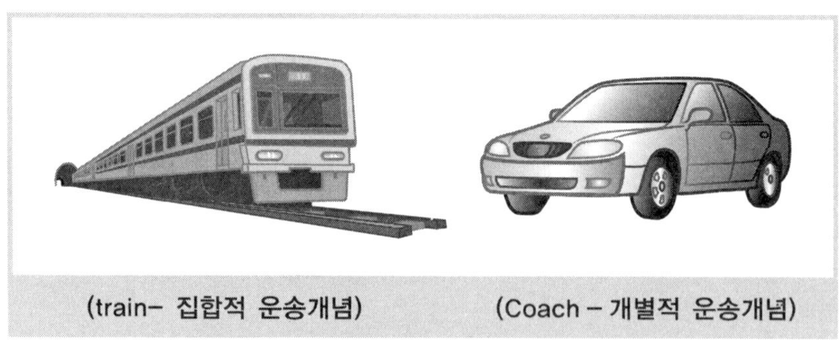

(train– 집합적 운송개념) (Coach – 개별적 운송개념)

수 있다.

1975년 티머시골웨이 라는 테니스 코치가 테니스를 배우는 학생중에서 그냥 테니스를 기계적으로 움직임을 배우는 학생과 내면에서 가상의 상대방을 만들고 머릿속으로 그려보면서 연습하는 학생의 경우를 예를 들면서 내면에서 게임을 상상하면서 연습하는 학생이 한결 쉽게 익히고 실력이 좋다는 것을 알게 되었다. 즉, 무작정 몸으로 운동하기 보다는 머릿속으로 스스로가 상상하면서 깨우치도록 하는 것이 중요하다는 것을 알게 된 것이다.

1980년대 후반 신경언어프로그램인 NLP와 접목하여 코칭프로그램을 개발하게 되었고, 1998년도에 ICF(International Coach Federation) 국제코치연맹을 설립하여 오늘날 코치 양성과 인증프로그램 개발에 커다란 역할을 하고 있다.

코치는 헝가리의 마차에서 유래되어 마차명칭이 유럽에서 콕시(kocsi) - 콕지(kotdzi) - 코치(coach)라 불리게 되었다.

아래서 보듯이 train은 집합적인 개념으로 training을 통해 함께

같은 방향으로 동일한 속도록 가는 반면 coach 는 개별적으로 자신이 원하는 방향과 속도 등의 조건을 갖추고 나아갈 수 있는 차이점이 있다.

나. 코칭 방법

코칭방법은 위에서 제시한 바와 같이 현재 잘 하고 있지만 좀더 발전을 위해서 코칭이 필요한 경우이거나 몇 가지 문제를 지니고 있는 경우, 학습방법을 잘 모르거나, 학습스타일에 문제가 있는 경우 GROW 기법을 적용할 수 있고, 심리적 문제, 정서적 문제를 지니고 있는 경우 우선적으로 공감코칭 방식을 적용하는 것이 필요하다.

학습 기량 향상

GROW
기법의 활용

심리적인 학습장애가 없고 학습 효과 향상을 위해 사용 하는기법

공감 코칭

수용, 공감대형성, 학습자의 감정해소와 문제해결에 용이

심리적 학습장애가 있는 경우 / 일상생활에 활용 가능한 기법

공감코칭 – GROW 기법의 순서로 코칭방법을 적용하는 것이 효과적이라 할 수 있다.

그 이유는 정서적, 심리적으로 힘든 부분이 있는 경우 우선적으로 공감이 필요하다. 현재 기분이 안좋은데 학습방법을 코칭하고 실천하기를 바란다면 그건 어려운 이야기가 될 수 있기 때문이다. 우선 심리

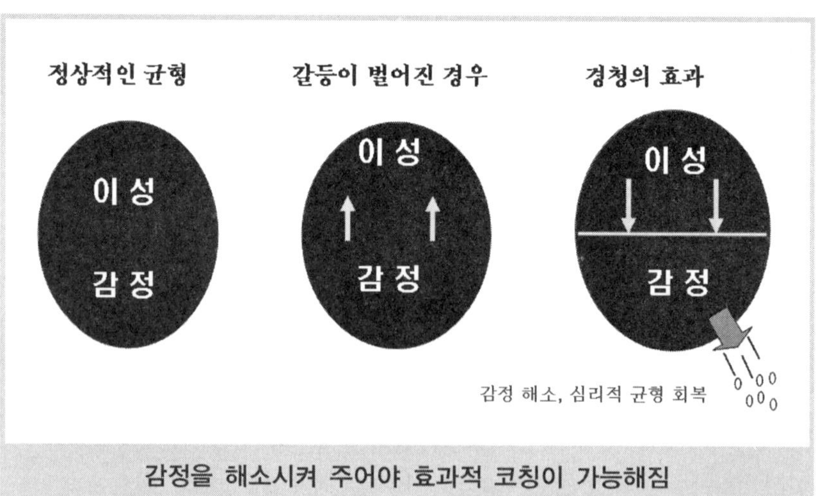

감정을 해소시켜 주어야 효과적 코칭이 가능해짐

적인 안정 또는 기분이 나아져야 학습에 집중할 수 있다는 원리를 이해한다면 공감코칭이 우선되어야 한다는 점은 이해하기 쉽다고 할 수 있다.

정서적으로 문제가 없는 경우 자연스럽게 GROW 기법을 적용하여 코칭한다면 효과적인 접근이 가능하다.

2. 코칭의 필요성과 중요성 이해하기

코칭은 우리 생활에서 왜 필요하고 왜 중요한 걸까?

첫째, 다양한 성장환경과 욕구를 지닌 학생들에 대한 이해

둘째, 여러 가지 재능을 지닌 학생들의 잠재역량에 대한 파악과 발굴

셋째, 기존 교육방식에서 학습효과를 잘 내지 못하는 학생에게 필요

넷째, 효과적이고 원만한 학생관리 방식 제공

다섯째, 원만한 선생님과 학생 - 관계 형성에 도움 제공

여섯째, 선생님에 대한 신뢰 형성 - 나를 알아주고 인도해 주는 선생님

일곱째, 학생욕구와 부모 욕구를 조정해주는 역할 제공

여덟째, 생애주기 코칭이 필요한 시대

아홉째, 자기주도 학습을 가능케 해주는 셀프코칭방식

열 번째, 부모, 선생님에게 좋은 학습자로서의 역할 요구 증대

열한번째, 학생의 성격특성을 반영한 수준별/특성별 맞춤 교육방식 필요

과거에는 학습을 시키는 선생님, 부모님의 스타일에 따라 방식과 절차가 결정되었고 학생은 따라가야 하는 구조였다면, 다양성을 지닌 현대사회에서는 위에서 살펴본 것처럼 다양한 성장과정, 성격, 학습스타일을 지닌 학생들을 각자의 특성에 맞추어 효과적인 학습방법을 제공하고 나아가 인생의 진로, 집단에 적응방식 등에 대한 부분까지 충족되기를 요구하는 시대가 되었다. 앞서 언급한 바와 같이 학습은 단순히 학습에 머무르지 않고, 성격, 주변 환경, 정서, 가족, 선생님과의 관계로부터 복합적으로 이영향을 받고 있기 때문에 이러한 다양성과 수

준별, 특성별 맞춤 학습을 위해서는 적절한 수단과 방법이 필요한 시대가 되었다. 그것이 바로 “코칭”이라 할 수 있다.

코칭은 학습자의 동기를 유발하고 능동적으로 자신만의 지식체계를 구축할 수 있도록 도와주는 역할을 한다. 학습자 개개인의 특성을 발견하고 곁에서 학습을 지원해 주는 사람이 코치라고 할 수 있다.

3. 코칭, 멘토링, 카운슬링의 차이점과 유사점

코칭, 멘토링, 카운슬링은 서로 엇비슷한 의미를 지닌 부분이 있고, 현실에서는 혼용해서 사용하다 보니 보통 사람들은 혼돈스러울 수 있다. 어찌보면 이러한 용어를 사용하는 학원, 학교, 직장, 조직에서 조차도 각자 편리한대로 사용하는 측면도 있다고 할 수 있다.

각자의 영역에서는 분명 차이가 존재하기도 하지만 중복되는 내용들도 존재하기 때문에 의미를 정리해 보기로 한다.

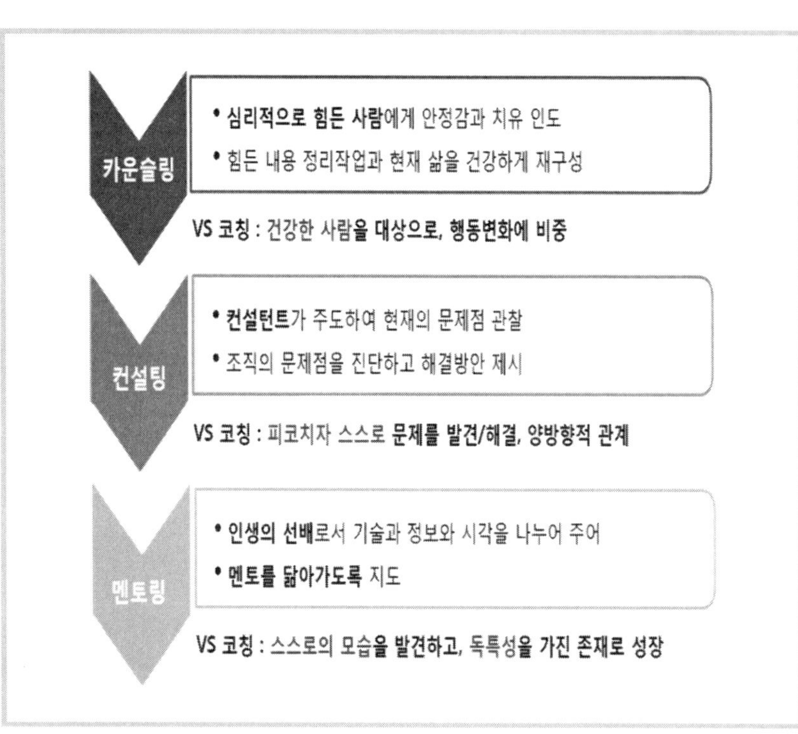

멘토(Mentor)는 학습자들 보다는 상급자의 개념으로 접근을 하며 협력학습자(Co - learner)는 동등한 위치에서 학습자를 도와주는 것이라 구분할 수 있다. 이에 비해 코치는 뒤에서 밀어주고 앞에서 인도해 주는 성격이 강조되는 역할이라 할 수 있다. 즉, 앞과 뒤, 옆에서 촉진해 주는 개념을 지니고 있다고 생각하는 것이 적절하겠다.

■ 유사 영역 개념 이해

가장 유사한 영역인 멘토링을 구체적으로 비교해 보면 다음 표와 같다.

멘토링과 코칭의 차이

구 분	멘 토 링	코 칭
주 체	멘토(전문가, 상급자 등)	피 코치자
관 계	수직적	수평적 파트너십
해결방안	멘토(전문가, 상급자 등)	피 코치자 스스로
교육방식	• 지식, 방법 전달에 중점 • 방향과 목표 정형화	• 직접 경험을 통한 인식 및 행동 변화 유도 • 피 코치자 상태에 따라 방향, 목표, 속도 수정 및 결정

물론 멘토링 과정에서 무조건 수직적이라기 보다는 코칭과 같이 상호 파트너십 개념으로 진행되기도 한다. 현실에서는 이렇게 서로 중복되고 혼용되어 사용하고 있는 측면도 있다. 위에서 제시한 내용들은 개념 확립을 위해 이해하고 실제 활용할 때는 가능하면 원칙을 준수해서 각자의 영역을 확립하되 필요에 따라 적절히 혼용해서 사용함으로써 효율성을 높이는 것이 바람직하겠다.

◎ 학습코칭에서 코칭과 멘토링의 차이점 ◎

▌학습코칭

1. 코칭은 프로세스 전문가이다.
2. 코치가 구체적인 기술을 꼭 가르칠 필요가 없다.
3. 이 경우 전문적 지식이 없어도 코칭이 가능하다.
4. 목적 달성시까지 지속적인 지원을 한다.
5. 코치와 학습자는 수평적관계, 촉진적 관계를 유지한다.
6. 코치가 기술, 경험을 가지고 있지 않아도 새로운 시각, 관점을 보게 해준다.
7. 코치는 학습자의 학습수행의 질 향상시키고, 실천의지를 다지게 한다.
8. 지속적인 동기유발
9. 주로 내부인에 의해 코칭되는 경우가 많다.

◎ 학습멘토링 ◎

1. 멘토는 내용전문가이다.
2. 업무 또는 학습에 의미있는 변화를 일으키게 해주는 조언자이다.
3. 전문적 지식이 요구된다.
4. 수직적인 관계에 의해 수행되는 경우가 많다.
5. 장기적일 수도 있고, 일회성일 수도 있다.
6. 멘토는 개별적으로 인격적인 개입을 하는 경우가 있다.
7. 인간관계의 경우 큰 변화를 가져오게 할 수도 있다. 말 한마디에…
8. 내, 외부 전문가에 모두에 의해 수행이 된다.

우리는 이미 코칭 스타일로 학습, 경영, 스포츠 분야에서 활용하고 있다고 볼 수 있다. 다만, 이러한 코칭 스타일은 개인의 역량, 경험, 리더십, 인성 등에 따라 너무나 다양한 형태로 존재하게 된다. 그러다 보니 자칫 학생에게 혼란을 야기 할 수 있다. 예를 들어 우리가 어떤 고민이 있어서 그 일을 해야 할지 그만두어야 할지 혼란스러울 때 선배, 선생님 등에게 조언을 구하는 경우 세 사람에게 도움을 청하면 각자 다른 방식으로 조언을 받을 수 있다. 이렇게 되면 어떤 결정, 방향을 해야 할지 오히려 혼란이 올 수 있다. 코치 역량에 따라 너무 편차가 크다는 문제점이 발생된다는 의미이다.

이에 비해 코칭은 앞의 그림에서 보듯이 표준화되고, 체계를 갖춘 특성을 지니고 있다. 그러므로 최대한 학생에게 적합한 방향과 방법 심리적 지지를 지원할 수 있다. 코칭은 과거 우리가 해오던 방식을 좀

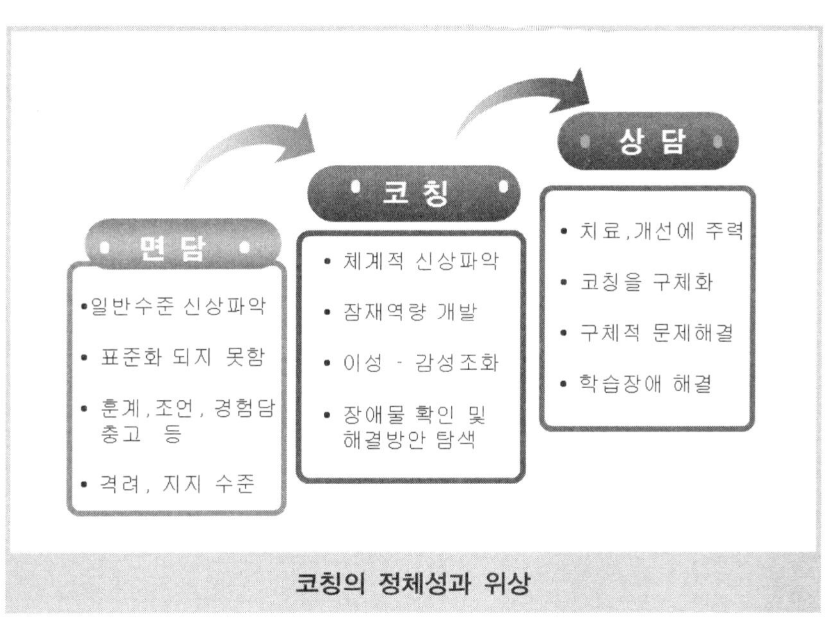

코칭의 정체성과 위상

더 구체화 시켜주고 과학적으로 접근하여 학생들에게 적절하고 효과적인 도움을 지원할 수 있는 좋은 수단이라 할 수 있다. 코칭의 정체성은 앞의 그림으로 정립해 볼 수 있겠다.

4. 나의 코칭수준 알아보기

나의 코칭 수준은 어느 정도일까? 간략하게나마 자신에 대해 코칭수준을 점검해 보기 위해 아래 도표에 대답하고 점수를 환산해 보자

다만, 이러한 점검은 간단한 진단자료이므로 과도한 의미를 부여하는 것은 바람직스럽지 않으며 내가 어느 부분이 약하고, 어느 부분이 잘 되고 있는지에 대한 점검의 기회로 삼는 것이 올바르다.

♤ 나의 코칭수준 알아보기

내 용	YES	NO
1. 나는 바빠서 수업중에 코치하는 시간을 내기 어렵다.		
2. 아무도 나를 코치해 주지 않았다. 그래서 나 혼자서 일처리를 해왔다.		
3. 나는 코치하기에 너무 많은 학생들이 있다고 생각한다.		
4. 나는 공부방법을 결정하는데 학생들 의견을 반영하는 것은 옳지 않다고 본다.		
5. 아이들과 세대차이가 나서 대화하기가 어렵다.		
6. 내가 가르치는 아이들은 도움을 원하지 않는 것 같다.		
7. 내 앞에서 아이들은 침묵하는 경우가 많다.		
8. 아이들에게 동기유발 하면 되지, 피드백은 필요없다.		
9. 아이들은 스스로 학습을 하는 것이 기본이다.		
10. 시간이 흐르면 아이들 스스로 자기일을 할 수 있을 것이라 생각한다.		

* NO가 7개 이상이면 코칭 수준이 잘 형성되어 있다고 할 수 있다.

5. 코치의 자세와 윤리

학습방법, 정보 등으로 보면 대단한 실력을 지니고 있지만 막상 아이를 지도하려다 보면 답답하거나, 화가 나거나, 손이 먼저 올라가는 경우가 생겨서 기분만 상하고 학습지도는 제대로 되지 않는 경험을 하게 된다.

실제 이러한 이유로 인해 많은 부모들이 "내 아이는 내가 못가르치겠어요"라고 이야기 한다. 이론과 현실이 잘 조화를 이루지 못하는 것이다.

이러한 문제 해결을 위해 학습코치자가 지녀야할 자세와 역할, 윤리에 대해 다음과 같이 요약해 볼 수 있다.

◉ 자신의 문제를 먼저 해결하는 것이 필요하다.
  - 짜증, 우울, 초조감, 강박적 사고 등

◉ 다양한 유형의 학생에 대해 응대할 준비가 되어 있어야 한다.
  - 내가 대하기 편한 스타일만 선호해서는 안된다.

◉ 학습코치 스스로의 성격, 장단점, 정신건강에 대한 정확한 이해가 먼저 선행되어야 한다.

◉ 자신에 대해 과장, 자랑, 숨기지 않아야 한다.

◉ 부족한 부분, 실수한 부분이 있으면 솔직히 인정하고 받아들이는 자세가 요구된다.

◉ 원만한 성격, 인내심이 요구된다. 그러나 Rule을 지키기 위해서는 단호한 자세가 요구된다.

◉ 비밀준수의 의무

- 학습에 관해 나눈 이야기는 학습자의 비밀이므로 지켜주어야 한다.
- 호기심, 대화거리로 삼는 일을 조심해야 한다.
- 내담자 동의없이 사례화하는 일은 삼가야 한다.

◉ 학습코칭을 통해 자신에 대해 끊임없이 개선하는 노력이 필요하다.

◉ 투사와 전이를 조심한다.

- 내가 힘들어 하는 학생 스타일에 대한 대처능력이 필요하다.
- 학생의 특정행동에 내가 흔들려서는 안된다. 예를 들어 내가 힘들어 하는 스타일의 학생들에게는 어떤 공통점이 존재할 수 있다.

어떤 특성과 공통점이 있을까

즉, 학습코치 스스로가 그러한 스타일의 학생을 만나면 꼼짝 못하고 흔들리고 있고, 그로인해 학습지도에 영향을 받고 있다는 사실을 알 수 있는 것이다.

아무리 훌륭한 학습지도 기술과 지식, 경험을 가지고 있어도 이러한 영역이 버티고 있다면 효과적인 학습코칭은 어렵게 될 수 있다.

◉ 코칭을 위한 "마음과 태도", "자세"가 먼저 습득되어야 한다.
 - 학생은 자신을 대하는 코치의 자세와 태도를 보고 배우기 때문이다.

◉ 코칭을 위한 "기술"만 익혀서는 안된다.

6. 학습코칭과 자기주도 학습의 관계

학습코칭에서는 학생스스로가 자신의 학습스타일을 찾아내고 강점, 약점을 파악하여 스스로에게 가장 적합한 학습스타일을 발전시키는 것이 중요한 과제라 할 수 있다.

자기주도 학습이 되는 학생들은 다음과 같은 특징을 지니고 있다.

- 학교에서 선생님들과 좋은 관계를 유지한다.
- 각 과목별로 선생님 수업특성을 파악하여 무엇을 준비하고, 무엇을 보강해야 하는지에 대해 질문하고 얻어내려고 노력한다.
- 수업시간에 가능하면 앞쪽에 앉아서 많은 것을 얻어 가려고 노력한다.
- 시간대 별로 학습해야할 내용을 스스로 정하고 노트관리, 오답관리, 자투리시간이용 등을 자기 스스로 적극적으로 활용한다.
- 일과중 시간활용계획을 스스로 적극 활용한다.
- 매일 학습계획과 중간, 기말고사 계획, 모의고사 대비계획, 방학중 시간계획 등 자신이 가야할 방향과 실행계획을 스스로 잘 수립한다.

※ **자기주도학습 = 셀프코칭 = 셀프리더십**이라 할 수 있다.

학습코칭을 통하면 자기주도적인 학습능력을 습득할 수 있게 된다.

이렇게 되려면 과거와 같이 학습계획수립, 시간계획수립, 노트관리 전략뿐만 아니라 해결해야할 중요한 요소가 있다.

그것은 바로 "심리적인 부분"이다.

아무리 좋은 계획, 동기부여를 하고, 좋은 환경을 제공해도 학생이 실행을 하지 않고 "하고싶지 않아요"라는 말과 함께 움직이지 않는 경우를 자주 보게 된다. 여러 가지 좋은 조건을 갖추고 있으면서도 개선이 되지 않는 경우 또는 조건이 미비해서 포기하는 학생들에게 학습코칭의 심화수준에서 다루고 있는 심리적 장애물을 제거하게 된다면 좀 더 자유롭게 자신의 성장을 위한 노력을 하는 학생으로 바뀌게 될 수 있다.

열심히 최선을 다해도 자신이 원하는 바를 얻을 수 있는지 불분명한 세상에 살고 있지만, 학습코칭을 통해서 자신을 가로막고 있는 장애물을 제거하고 매 순간 최선을 다하는 자세, 자신이 나아갈 방향을 정확히 알고 매진하는 자세 등을 갖추게 된다면 성공할 확률과 만족스러운 삶을 살게될 수 있는 기회가 한결 많이 찾아오리라 본다.

자아성장 욕구는 우리 인간에게 기본적으로 존재하는 욕구이다.

어떤 학생이 학업문제, 학교문제, 진로문제로 고민하고 힘들어하거나 아무것도 하고 싶지 않은 경우 오히려 자신의 기대만큼 현재 성장이 안되고 있어서 오는 못마땅함 이라고 보는 것이 올바를 것이다.

학습코칭은 자기발견, 자아성장을 위한 좋은 기반을 제공한다고 할 수 있다. 학생들에게 자기답게 날개를 펼수 있는 기회를 제공하고 코치자에게는 좀더 역량을 갖춘 지도자로 인도하는 역할을 하게 될 것이다.

이것이 바로 자기주도학습이고, 셀프코칭, 셀프리더십의 기본개념이 상호 통하는 현상이라 볼 수 있다.

7. 코칭에 대한 올바른 이해

코칭 과정에서 혹시 "나를 다 바꾸라는 뜻인가" 또는 기존에 내가 하던 방식과 차이점으로 인해 낯설고 어떻게 해야할지 혼란스러울 수 있다. 특히 평소 다정스러운 기능과 대화를 많이 해보지 않은 사람에게는 더욱 그럴 수 있다. 올바른 코칭 스타일 정립을 위해서는 다음 그림과 같은 개념으로 이해하는 것이 무난하리라 본다.

- 기존 나의 교육스타일을 유지하되 미흡한 분야의 기능을 확장하는 개념으로 이해하는 것이 바람직하다.
- 위에서 보듯이 평소 나에게 익숙한 A 면을 주로 활용해오고 상담, 코칭기능이 약한 상태였다면 코칭 교육이후에는 우측 그림처럼 필요시 두가지 기능을 골고루 사용하거나 코칭 영역을 확장한 개념으로 이해하면 된다. 이거냐, 저거냐의 개념이 아니라 골고루 사용에 중심을 두는 것이 바람직하다.
- 기존 스타일을 버리라는 뜻이 아니므로 혼란스러워 할 필요는 없다.
- 하드웨어와 소프트웨어의 균형을 이루는 개념으로 이해할 수 있다.

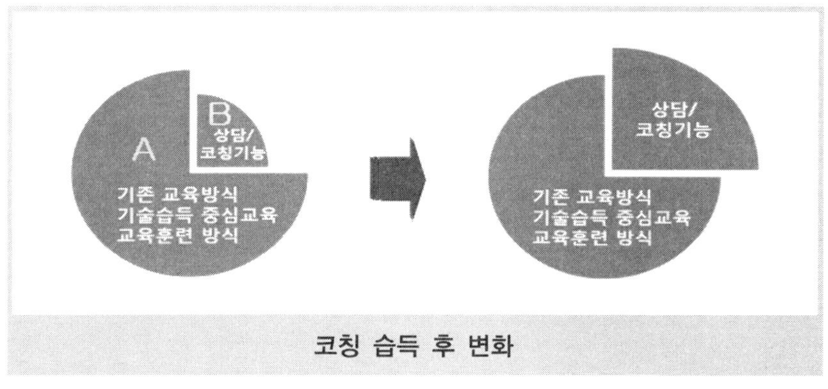

코칭 습득 후 변화

8. 학습코치자 돌아보기

◎ 주로 사용하는 긍정적 언어는?

-
-
-
-

* 이러한 긍정적 언어를 주로 사용하시는 이유는 무엇입니까?

-
-
-
-

◎ 주로 사용하는 부정적 언어는?

-
-
-
-

* 이러한 부정적 언어를 주로 사용하시는 이유는 무엇입니까?

-
-
-
-

◎ 각 언어를 사용할 때 느낌은?

긍정적 언어	부정적 언어
•	
•	
•	
•	

◎ 코치 스스로 성격의 장점을 기록해 보십시오.

-
-
-
-

◎ 코치 성격의 단점을 기록해 보십시오.

-
-
-
-

◎ 코치를 힘들게 하는 학생유형에 대해 기록해 보십시오.

-
-
-
-
-
-
-
-

* 공통점, 유사점을 위주로 기록해 보십시오

◎ 내가 쉽게 코칭 할 수 있는 학생유형에 대해 기록해 주십시오.

-
-
-
-

9. 코칭을 현실에서 적용, 활용하기 위한 절차, 마음가짐

코칭을 생활화 하고 싶지만 우리를 가로막는 장애물이 있다. 코칭스타일로 멋지게 문제를 해결하고 아이에게 자신있게 다가가고 싶지만 화가 나거나 짜증이 나는 경우, 또는 못마땅한 행동을 아이가 하는 경우가 발생하면 감정이 격해져서 코칭기법은 어느새인가 사라지고 감정에만 충실(?)해져 있는 나를 발견하게 된다. 코칭을 생활화하기 위해서는 다음과 같은 절차와 마음가짐이 요구되며 이러한 부분이 잘 받아들여지면 평소 내가 생각하고 있는 코칭 스타일이 힘을 발휘 할 수 있게 된다

① 『**그럴 수 있지, 있을 수 있는 일이야**』라는 마음가짐이 필요하다. 어떻게 그럴 수 있니!!! 라는 생각과 느낌은 화나게 만들고 상황을 어렵게 만들 수 있다. 중요한 점은 『일이 발생되었다』라는 사실이다.
내가 생각하기에는 있을 수 없는 일이지만, 아이가 생각하기에는 "뭐 어때?!!"라는 생각일 수 있다는 점을 인지할 필요가 있다. 코칭의 출발점은 발생된 일을 정확히 인정하고 받아들이면서 가능해진다.

예 아이가 잠을 자면서 자꾸만 중간에 깨고, 무섭다고 하는 경우. 아무리 괜찮다고 설명을 해도 반복하게 되는 경우가 발생하는 경우

② 『**분명히 원인이 있을거야, 괜히 저런 현상이 벌어지는게 아니지**』라는 마음가짐이 수반되어야 한다. 어떤 행동에는 반드시 원인이 존재한다.

그냥이 아니라 "해도 괜찮겠지"라는 의식이 수반되기 때문에 어떤 행동이 벌어지는 것이다. '화를 내기 보다는 어떤 이유로 인해 이런 현상이 벌어지는 걸까?'라는 자세가 요구된다. 원인을 자세히 파악하고 대비하지 않으면 또다시 사건이 반복될 수 있기 때문이다.

예 잠을 깊게 자지 못한다는 것은 뭔가 수면을 방해하는 원인이 있다는 것이다. 마음이 편하면 푹 수면을 취할 수 있지만, 고민이 있거나 긴장이 되는 경우 숙면에 방해를 받을 수 있다. 무섭다고 하면서 잠을 못자거나 괜스레 잠을 편히 못자는 현상이 반복된다면 상담을 통해 원인과 해결방안을 찾아볼 필요가 있다.

부모가 이러한 경우 "자꾸 일어나니까요", "잠을 자겠다고 해놓고 몇 번 이야기 했는데도 불구하고 자꾸만 반복하니까요"라는 해명을 하지만 결국 "내가 짜증나고 귀찮아서 화가 납니다"라는 의미로 이야기 하는 것이라 볼 수 있다.

③ 『**부모의 대처방식이 중요하다**』 성장기 아이들은 다양한 행동과 돌출언행을 할 수 있다. 어떤 아이는 부모가 별다른 지도를 할 필요가 없을 정도로 스스로 잘 하는 반면, 어떤 아이는 특정적인 반응(징징거림, 무기력, 짜증, 산만함 등)을 하는 식으로 부모가 힘들어 하는 상황을 만들 수 있다.

"어떤 언어, 행동을 하는 것은 아이들마다 다양하게 나타날 수 있는 현상이다" 이때 부모가 어떻게 반응하고 코칭하느냐에 따라 그 반응이 부정적인 쪽으로 형성될 수도 있고, 긍정적인 방향으로 형성될 수 도 있다.

아이가 보이는 현상에 대해 부모가 긍정적이냐, 부정적인 방식을 택하느냐에 따라 건강한 방향으로 성장하느냐 부정적인 방향으로 성장하느냐에 영향을 미친다고 할 수 있다.

아이들은 다양한 모습, 다양한 언행을 하며 자라게 된다. 이러한 다양성에 대해 부모가 탄력적으로 받아들이고, 인도하고 코칭하는 역할을 한다면 아이역시 다양한 정서, 탄력적인 태도를 지닌 아이로 성장하게 될 것이다.

제2장 코칭스킬

1. 코칭 방법의 두 가지 핵심 방향

코칭에는 두 가지 큰 방향이 존재한다. 아래에 제시된 바와 같이 첫 번째 요소인 코칭스킬은 보통 우리가 흔히 접하고 있는 대화의 기술이며 인간관계 형성을 위한 기술이라 할 수 있다. 코칭에서 이 부분만 접한 사람들은 의사소통 기술과 별 다를바가 없다고 하거나 구분을 하지 못하는 일이 벌어지기도 한다. 스킬, 방법적인 측면에 치중되어 있다고 할 수 있다.

그러나 이것은 코칭에 대해 잘못 이해한 내용이며 코칭의 일부분 또는 몇 가지 이야기만을 듣고서 판단한 내용이라 할 수 있다. 실제 코칭은 일반대화보다 더 깊고 넓은 인간관계 형성을 위한 방법이고 과학적 요소를 구비한 기법이라 할 수 있다.

두 번째 언급한 코칭의식은 코칭의 핵심적 요소라 할 수 있다.

결국, 코칭에서 얻고자 하는 잠재역량개발과 깊은 연관이 있으며 첫 번째 언급한 스킬보다 더 깊고 광범위한 영역이라 할 수 있다.

많은 훈련과 실습, 실전 경험이 뒤따라야 만이 가능한 영역이라 할 수 있다. 상담을 전문적으로 교육받은 사람에게 유리한 영역이라 할 수 있다. 잠재역량은 무의식적 개념에서의 숨겨져 있어서 아직 모르는 부분인데 이것을 알아내고 이끌어 내는 데에는 많은 경험과 숙련된 기술이 필요하므로 상담영역에서 활용하는 자아성장, 자아개발 영역과 중복되는 부분이라고 할 수도 있겠다.

이 두가지 영역을 모두 운용이 가능할 때 진정한 코칭이 가능해 진다 고 볼 수 있다. 학습코치자는 이 모두가 원만히 활용될 수 있는 역량을 갖추도록 끊임없이 노력하는 것이 필요하다.

앞서 “마음과 자세”, “태도”에 관한 이야기를 언급한 것이 바로 이러한 이유 때문이다.

자세, 태도가 확립되지 않으면 변화는 올 수 없는 이치가 있다.

학습코치자 스스로가 먼저 이러한 자세가 확립되어야 코칭이 가능해진다는 점을 다시한번 강조하는 이유이다.

의식은 우리가 현재 생각하고 느끼는 영역이며, 전의식은 지난 주말에 바닷가 여행을 한 경우 친구들과 이야기 하면서 다시금 떠올리게 되는 것처럼 자극이 있으면 떠올랐다가 자극이 없으면 수면 밑으로 가라 앉는 영역이라 할 수 있다. 무의식은 의식되지 않거나 자각되지 않는 영역으로써 나의 그림자, 힘든부분, 해결되지 않은 갈등영역이 존재한다고 볼수 있으며 반면에 나의 감춰진 잠재역량 영역이 존재하기도 한다.

우리 인간에게는 문제점뿐만 아니라 미처 개발하지 못한 잠재역량이 이 부분에 내재되어 있다고 할 수 있다. 무의식은 부정적 영역뿐만 아니라 내 삶의 근원이 되는 힘과 에너지를 가지고 있는 영역으로 이해하고 끊임없이 개발하는 노력이 요구된다고 할 수 있다.

코칭의식 영역에서는 이 부분을 이끌어 내는 역량을 중요시 한다.

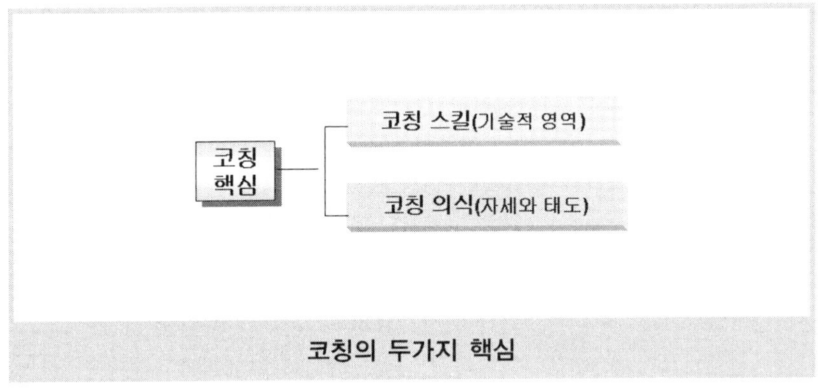

코칭의 두가지 핵심

2. GROW 기법을 활용한 코칭방법

GROW 기법은 일반적으로 많이 활용되고 있는 기법이다. Goal - Reality - Option - Will 의 단계를 의미한다. 아마도 우리는 현실에서 Grow 기법으로 충분히 코칭을 하면서 살고 있다고 볼 수 있다.

다음 선생님 - 자녀 대화를 예로 살펴보자

선생님 : 어떻게 하고 싶니?

학생 : 공부를 잘해 보고 싶어요. - Goal

선생님 : 너는 현재 어떻게 공부하고 있니? 공부시간, 학원, 부족한 과목, 잘 하는 과목 등은 무엇이니?

학생 : 저는 4시에 학교를 마치고 영어학원, 수학학원을… 그래서 저의 현실은… - Reality

의식, 전의식, 무의식의 영역

선생님 : 그것을 하려면 어떻게 하는 것이 좋을까? 장애물은 무엇일까?

학생 : 생각은 하지만 실천이 잘 안되요. - option

선생님 : 오늘 한시간 동안 이야기 했는데 잘 할 수 있겠니?

학생 : 네. 고맙습니다. 000한 부분은 잘 할 수 있을 것 같습니다.

- Will

위에서 언급한 대화는 간략히 제시한 내용이지만 평소 우리가 사용하고 있는 유형이라 할 수 있다. 다만, 감정이 평온한 상태에서 단계별로 차분히 하고 있는지, 감정에 격해서 하고 있는지가 중요한 차이점이라 할 수 있다. 실제 활용을 위한 GROW 단계별로 중점사항과 주의사항을 점검해보고 나에게 적합한 활용방안을 찾아 볼 필요가 있다.

상대방이 이야기하고 있을 때 나는...	대개 그렇다	때때로 그렇다	거의 그렇지 않다
1. 어떻게 대답할지 구상한다.	1	3	5
2. 상대방과 시선을 맞춘다.	5	3	1
3. 필요할 경우 기록을 한다.	5	3	1
4. 말 속에 들어 있는 감정을 파악한다.	5	3	1
5. 상대방이 말하는 동안 다른 일에 대해 생각한다.	1	3	5
6. 이야기하고 있는 상대방을 쳐다본다.	5	3	1
7. 표정, 몸짓 등 중요한 신체언어를 주시한다.	5	3	1
8. 상대방의 말을 가로막고 지적을 한다.	1	3	5
9. 다른 요구들 때문에 주의가 분산된다.	1	3	5
10. 즉시 판단하거나 평가하지 않고 메시지를 경청한다.	5	3	1
11. 더 많은 정보를 얻기 위해 질문을 하며 말하는 사람에게 계속 이야기 하도록 격려한다.	5	3	1
12. 이해 여부를 확인하기 위해 방금 들은 내용을 내 입으로 반복해 말한다.	5	3	1
빈도별 합계	+	+	
전체합계 =			

평 가

44~55 = 당신은 적극적 경청자다.
28~43 = 훌륭한 경청자이지만 좀 더 개선할 필요가 있다.
12~27 = 경청 기술을 개선하는 데 집중해야 한다.

앞에서 살펴본바와 같이 일상적인 학습과정에서 우리는 GROW 기법에 준해서 지도를 하고 있다고 할 수 있다. 그러나 그 실행방법이 다소 둔탁하거나 감정이 앞서는 이유로 인해 좋은 코치 역할을 할 수 있는 역량이 있으면서도 제대로 활용하지 못하는 경우를 어렵지 않게 볼 수 있다.

이 GROW 기법을 제시한 이유는 "표준화된 모델"을 제시하고 여러 학습을 통해 현실에서 활용하고자 하는 의도이다.

따로 따로 흩어져 있는 좋은 보석을 잘 꿰어서 값어치 있는 목걸이로 만들자는 의도라고 할 수 있다.

□ 1단계 Goal 목표정하기

◎ 단계목표

- 학생이 지닌 문제점, 걱정거리, 학습장애 내용파악하기
- 코칭을 통해 얻고자 하는 목표 확인

◎ Goal 단계의 코칭중심

1. 여러문제점 제기시 우선순위별 정리작업
2. 코치가 이해한 목표를 재확인하기

   예 네 얘기는 000한 내용이 잘 안되서 힘들다는 거구나 맞니?
3. 코치가 경험한 내용이라도 "속단"하지 않기
4. 훈계, 설득, 경험담으로 바로 들어가지 않도록 조심하기
5. 학생이 진술하는 문제에 진심으로 공감하는 마음이 중요

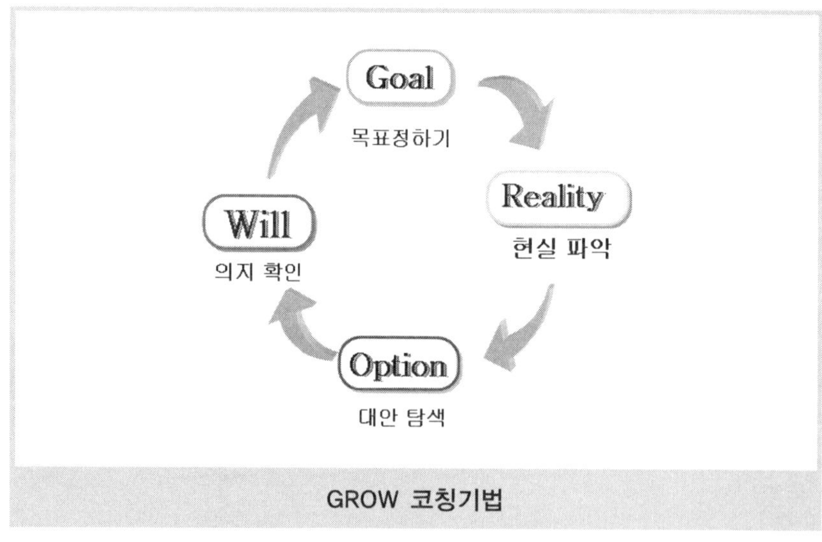

GROW 코칭기법

* 코치가 유사한 경험을 이야기 할 수 있지만 이야기 중심이 그쪽으로 향해서는 안된다. Goal 단계에서는 공감 자세와 문제점 정리작업, 꾸준히 경청하는 자세를 유지하는 것이 중요한 단계이다.
* 몸짓, 음성, 표정반응
  - 응(고개끄덕임), 그랬구나, 아하…, 저런…
  - 눈은 상대방 눈과 마주치면서(70%정도), 앞으로 약간 기울인 자세
  - 학생 이야기를 기록 하면서 진행한다.

『**내가 당신의 이야기를 듣고 있고, 도움을 주고 싶다**』라는 메시지를 전달하는데 노력해야 하는 단계이다.

◎ 코칭시 기록이 필요할까?

어떤 이들은 코칭이나 상담시 기록하는 것에 대해 부정적인 입장을 가질수 있다. 개인적인 내용을 기록한다면 불편할거라는 생각 때문인데 코칭이나 상담시 기록은 필연적으로 해주는 것이 바람직하다. 그 이유는 일정시간, 일정기간동안 코칭이나 상담을 하게되면 그 내용을 기억하기도 어렵고 중요한 내용을 놓칠수가 있기 때문이다. 더군다나 여러명과 코칭하는 경우 자칫 내용을 혼돈하여 실수하게 될 수 도 있다. 침착하게 학생의 이야기를 받아적고 내용을 feedback 해주고 다음 시간에 그 내용을 중심으로 코칭진행상황을 점검하는 것이 내용에 집중도를 높이고 학생에게

"내 이야기를 잘 들어주고 기억해 주시는 구나"라는 신뢰성 있는 느낌을 전달할 수 있다.

학생이 기록하는 것에 대해 불편해 하는 경우 다음사항을 정리해 주고 기록을 유지하는 것이 바람직하다.

첫째, 각 개인별로 파일을 관리 하고 있음

둘째, 정리된 내용은 별도의 보관장소에서 코치자만 볼 수 있음.

셋째, 코칭 종료시 파기 할 수 있음

넷째, 기록하는 이유(위에서 제시한내용)와 장점을 소개

코칭시 기록을 하는 것이 코치와 피코치자 모두의 기억을 돕고, 문제해결력을 높이는데 많은 도움을 줄 수 있다.

가능하면 피코치자 역시"코칭 노트"를 준비하여 동일한 내용으로 정리하면서 코칭을 진행하는 것도 유용할 수 있다.

□ 2단계 Reality 현실파악하기

◎ 단계목표

- 피 코치자의 현실태 구체적으로 파악하기
- 목표와 현실간의 차이, 가능성에 대해 파악하기

◎ Reality 단계의 코칭중심

1. 학생이 지닌 현실에 대해 "인정"하는 자세가 중요하다.
2. 코치자가 가치판단(좋다, 나쁘다)을 하지 않는 것이 중요하다.
   - "수용"이라는 의미가 이 부분에서 적용되어야 한다.
   - 코치가 피코치자의 현실(게으름, 실천력부족, 특이한 사고 등)에 대해 못마땅한 마음이나 잘못되었다는 식의 판단을 하는 것은 코칭의 흐름을 어렵게 만드는 일이 될 수 있다.
3. 의사표현을 하지 않는 방식으로 수동적, 피동적 자세를 취하는 피코치자에게 기다려 주는 자세를 보여주어야 한다.
4. "네가 000한 내용들로 인해 현재 힘이 들다는 이야기 구나"라는 식으로 피코치자의 현상황을 그대로 수용해 주는 자세를 유지한다.
5. 훈계, 설득, 경험담으로 바로 들어가지 않도록 주의한다.
6. 학생이 진술하는 문제에 진심으로 공감하는 마음이 중요하다.

◎ 유용한 질문

1. 선생님에게 좀더 자세히 설명해 줄래?
2. 그게 무슨 뜻일까?

3. 왜 그렇게 자꾸 반복된다고 생각하니?
4. 그 부분이 현실적으로 성취 가능하다고 생각하니?
5. 너의 노력을 방해하는 장애물은 무엇이 있을까?
6. 공부를 열심히 하고 싶은데 왜 노력을 하기 싫은 걸까?
7. 왜 아무것도 안하고 싶은 걸까?
8. 왜 학교생활이 재미없고 지루하다고 느끼는 걸까?
9. 학교성적이 점차 떨어지게 되는 이유는 뭘까?

Reality 단계에서는 나의 목표와 노력을 방해하는 장애물이 무엇인지 확인하는데 중점을 두어야 한다.

이러한 과정을 통해 피코치자는 자신의 현재 상태에 대해 마치 지도를 들여다보듯이 객관적으로 볼 수 있는 시각을 얻을 수 있다.

자신의 문제에서 한걸음 떨어져 나와 스스로를 보게 되면 여러 가지 다른 관점이 형성된다. 그동안 왜 문제가 해결되지 않고 제자리에서 맴돌았는지도 알게 되며 어떤 방향으로 나아가야 할지 길이 보이기 시작한다.

상담측면에서 보면 이러한 작업을 "각인" 작업이라 한다.

내가 목표는 가지고 있지만 막상 현실에서는 다음과 같은 통찰이 일어 날 수 있다.

- 별다른 노력을 안 하고 있구나
- 힘들다는 생각만 하고 계속 고민을 하면서 실제 행동으로는 옮기지 않고 있구나
- 할 수 없는 일에 대해 막연히 기대만 하고 있구나
- 정말 해야 할 일은 000이구나

이정도 수준으로 깨달음이 온다면 코칭이 탄력을 받게 된다.

□ 3단계 Option 대안탐색하기

◎ 단계목표

- **합리적이고 현실적인 대안(아이디어) 탐색하기**
- **보유자원, 필요한자원, 예상장애물, 행동계획 점검하는 기회**
- **계속해야할 행동과 그만두어야 할 행동을 정리하는 단계**

◎ Option 단계의 코칭중심

1. 어떠한 장애물이 있는지 파악하기
2. 피코치자가 스스로 해결할 방안을 탐색하도록 촉진하기
3. 장애물을 극복할 수 있는, 자신에게 적합한 방법(아이디어) 찾을 수 있도록 개방형 질문하기
4. 목표 달성을 위해 계속해야할 행동과 그만두어야 할 행동을 구체적으로 기록해 보기
5. 그만두어야 할 생각, 행동을 잘 정리할 수 있도록 촉진
6. 목표달성을 위해 자신에게 적합한 방법을 선택하고 결정할 수 있도록 아이디어를 찾아보고 실천할 수 있도록 지원해 주기
7. 구체적인 실천 방법과 장애물 극복방법을 현실에서 활용할 수 있도록 간략하게 정리하기.

◎ 유용한 질문

1. 너는 어떻게 하는 것이 가장 좋다고 생각하니?
2. 너에게 가장 적합한 방법은 무엇일까?
3. 공부를 할 때 예상되는 장애물은 뭐가 있을까?

4. 그 방해되는 일은 왜 생기는 걸까?
5. 어떻게 해야 그 장애물을 없앨 수 있을까?
6. 목표를 위해 그만두어야 할 것과 계속해야할 것은 무엇일까?
7. 변화시킬수 없는 것은 무엇일까?
8. 왜 변화시킬수 없다고 생각하니?
9. 그래, 또다른 좋은 방법은 무엇이 있을까?

□ 4단계 Will(실천의지)

◎ 단계목표

- **코칭의 전단계 스크린(Screen) 해보기**
- **실천계획과 의지 확인해보기**
- **실천에 있어서 장애물이 있는지 확인해보기**

◎ Will 단계의 코칭중심

1. 피코치자 실행에 대한 feedback 방법 결정하기
2. 피코치자(학생)의 지나친 의욕조절하기
3. 실행할 때 어려움이 있고, 실패했을 경우에 대해서도 사전에 대처방법을 만들어보기
4. 실행에 대한 지나친 부담금지 - 코치자와 불편해 질수 있음
   조금이라도 실행이 미비한 경우 코치를 피하는 일이 벌어질 수 있음
   지속적이고 부담없이 실행에 대해 이야기 할 수 있도록 이부분을 잘 정리해 두어야 함.
5. 코칭을 마무리 하면서 실제 피코치자는 어떤 입장인지를 확인해보기
   - "난 할 수 없을거야"라고 부담스러워 할 수 있음
6. "난 잘 못하는데", "해봐야 소용없어"라는 생각을 하고 있는지 점검해보기.
7. 바로 이 부분이 피코치자의 실질적인 문제점이라 할 수 있다.
   이것 때문에 그동안 피코치자의 발전이 어려웠던 사실을 발견하

게 된 것이다. 만약 이점이 발견된다면 "심층코칭"으로 들어가 주어야 한다.

◎ 유용한 질문

1. 오늘 이야기에 대해 정리해 줄래? - 직접이야기 하도록 유도
   피코치자가 코칭을 어떻게 받아들이고 있는지 점검할 수 있는 기회
2. 어떤 부분이 가장 가슴에 와 닿았니?
3. 잘 해볼 수 있을까?
4. 이렇게 이야기 하고 정리해 보니 지금 어떤 기분이니?

만약 4단계에서 학생이

- "그렇긴 한데…못하겠어요, 자신이 없어요" 또는
- "맞는 말씀이지만 생각보다 실천하기가 어렵더라구요"
- "몇 번 해봤는데 처음엔 좀 되는 가 싶더니 결국 안되더라구요"

이러한 반응을 보이는 경우 어떻게 하는게 좋을까?

이 경우 코치는 실망하거나 답답해 하는 표정이 보이지 않도록 주의해야 한다. 바로 이런 경향성으로 인해 학생 자신의 장애물을 극복하지 못하고 있는 것이고 이 부분을 극복하는 것이 코칭에 효과성을 보장할 수 있게 된다. 다 끝났다고 여기던 마지막 4단계에서 이러한 내용을 마주치게 된 것을 감사하고 새로운 발전의 기회로 인식하는 것이 필요하다.

◎ 코칭시 주의할 사항

- 코칭의 단계를 충실히 수행하고 정성을 다하였어도 마지막 순간 학생이 시행을 못하겠다고 진술하는 상황에 마주칠 수 있다.
- 발전의 기회로 여긴다. 바로 이부분이 그동안 스스로 해결하지 못하고 제자리를 맴돌 수밖에 없던 중요한 원인이라 할 수 있다.
- 이러한 경우 코치는 학생에게서 중요한 "장애요인"을 찾아낸 것이라 보아야 한다.
- 이 부분이 변화되지 않으면 여러 가지 좋은 학습방법과 계획들은 실행되기가 어렵다.
- 코칭의 두가지 방법론에서 언급한 "공감적 코칭"이 필요한 순간이 온 것이다.
- 코치가 답답해하는 모습이 보이지 않도록 주의해야 한다.
- 그동안 많은 사람들(부모, 선생님 등)이 "그 정도를 왜 못하냐"라는 식의 부정적 피드백을 보내왔던 것이다. 그 좋지 않은 경험을 학생(피코치자)은 반복 경험해 온 것이며 오늘날 자신감이 부족하거나 의욕이 저하되는 현상을 나타내고 있는 것이다.
- 다시 첫단계 또는 문제 인식단계로 돌아가는 것이 효과적이다.

- 돌아간다고 해서 진도가 안나가는 것이 아니다. 오히려 학습자의 장애물을 "시간이 되면 해결되거다"라고 여기며 대충 넘어가는 것이 문제이다.
- 열심히 하려고 해도 이러한 장애물로 인해 신경이 쓰여서 뒤를 돌아보게 만들게 되고 결국 효과적으로 실행이 안되는 일이 벌어지게 된다.

- 실천을 못하겠다고 하는 부분이 바로 피코치자의 핵심적 문제라고 할 수 있다.
- 뜻대로 쉽게 진행이 안된다고 해서 코치가 흔들려서는 안된다. 흔들린다면 "코치 자신의 문제"로 인해 흔들리고 있는 것이라 할 수 있다.

3. 부모의 코칭스타일 알아보기

가. 축소전환형 부모

어떤 일이 생겨서 아이가 슬퍼하거나 무서워하는 경우 그 감정을 공유하지 못하고 다급하게 아이의 마음을 바꿔 놓으려고 한다.

예를 들어 자신이 아끼는 물건이 실수로 망가져서 슬프게 우는 아이에게 부모가 더 놀라며(또는 더 흥분하며) "괜찮아…"를 반복하고 아이의 기분을 풀어주려는데 집중하게 된다.

- 문제점 : 아이는 속상하고 슬픈 감정에 대해 부모와 공유하거나 해결하는 체험을 하지 못하고 다른 기분 좋은 일을 만들어 "덮는 일"로 해결하려는 방식을 배우게 된다. 현명하게 해결하는 노력을 하지 못하고 "아닌척"하거나 자꾸 회피하고 다른 일로 만회해 보려는 경향을 띄게 될 수 있나.

나. 억압형 부모

아이에게 부모 자신의 입장, 주장을 강요하는 형태를 지닌다. 아이가 성장하면서 여러 가지 다양한 욕구와 반응을 보이는 경우 부모 가치관에 부합이 되면 즉시 반응해주고 그렇지 않으면 즉시 "눌러"버리는 기능을 주로 사용한다.

- 아이가 혼날까봐 거짓말을 하거나
- 집에서 행동과 학교, 학원에서 행동이 다르거나
- 성장하면서 점차 부모와 대화하기를 원치 않거나
- 자기 주도적으로 일을 하려 하지 않고 피동적인 자세를 지니게 되

거나

- 평소 조용하다가 "욱"하고 급작스런 반응을 보이거나
- 소심하고 자신감이 없고, 자긍심도 떨어지는 아이로 성장할 수 있다.
  * 경직되고, 탄력성 없는 반응방식을 지닌 부모유형이라 할 수 있다. 아이역시 경직되거나 한 방향에 쏠려있고 다양성을 받아들이지 못하는 아이로 성장하게 될 수 있다. 대인관계, 상급자와 관계 등에서도 "둔탁한 반응"을 하기 때문에 매끄럽지 못한 조직생활을 하게 될 수 있다.

다. 방임형 = 방목형 부모

이 유형의 부모는 자신이 자유스럽게 키우고 있다고 생각하는 경향이 있으며 자랑스럽게 여기기도 한다. 방임형은 코칭형과 약간 유사한 경우로 인식될 수 있기 때문에 혼동이 올 수 도 있다. 그러나 부모가 아이 성장에 따라 방향제시를 해주어야 할 때 아무런 반응을 보이지 않거나 "네가 알아서 해라", "모든 일은 자율적으로 해라"라는 식의 반응으로 일관하게 되기도 한다.

- 아이는 어떻게 해야할지 몰라 혼란에 빠지게 되거나
- 친구관계, 주변인과의 관계에서 정체성을 갖지 못하거나
- 부모가 뭔가 기준을 제시해 주지 않고 있기 때문에 스스로에게 자신감이 결여되거나
- 이리저리 쉽게 휩쓸릴 수 있다.
  * 부모가 어떤 기준을 제시 하지 못하고 내버려 둔다는 점에서 코칭형과 큰 차이점을 보인다. 부모 스스로가 자아정체성, 가치관이 정립되지 못했거나 주변 영향에 쉽게 흔들리는 특성을 지녔다고 할 수 있다.

라. 코칭형 부모

우리가 현재 알아보는 코칭스타일의 부모이다.

공감능력이 발달해 있고, 언제든지 아이들에게 탄력적으로 대하려하고 어려운 문제가 있을 때 해결위주의 대화를 하는 부모이다.

부모 스스로가 다양한 정서를 사용하고, 다양한 가치관, 탄력적인 대처를 중요시 하는 특성을 지니고 있기 때문에 자녀 역시도 이러한 성향을 지니게 된다고 할 수 있다.

* 코칭형부모는 탄력적이고, 부드럽지만, 단호하고 감정에 휩쓸리지 않으며 해결위주의 대처, 방향제시를 하는 특성을 지니고 있는점이 다른 유형 부모들과의 가장 큰 차이점이다.
* 우리는 모두 위에서 제시한 유형을 골고루 실생활에서 사용하면서 살아간다. 다만, 어떤 유형의 코칭을 주로 사용하느냐 편중되어 사용하느냐의 차이라고 할 수 있다.
* "말이 쉽지 실제 생활에서 아이들과 마주치면 정말 어려워요"
  "제 입장이 되면 그렇게 말씀 못 하시지요"
  "좋게 이야기해도 아이들이 계속 그러니까 제가 그렇게 밖에 못 하는 거지요"
  "정말 어려운 일이에요"

이러한 반응이 나온다는 것은 "저 변화 못 하겠어요", "그냥 이대로 살겠습니다"라고 이야기 하는 것과 동일하다고 볼 수 있다.

계속 지금과 똑같은 형태로 할 수밖에 없습니다. 왜냐면 일이 벌어지면 화가 나니까요. 라고 이야기 하는 것과 다를 바가 없다.

앞으로도 못하겠다 라는 이야기와 똑같은 것이다.

만약 어떤 이가 “어떻게 해서든 코칭형으로 해보고 싶습니다”라고 이야기 하며 꾸준히 보완 발전시키는 사람이라면 “저 못하겠어요 얼마나 힘들 일인줄 아세요”라는 식으로 반응하는 사람과 조금 시간이 지나면 엄청난 차이가 발생되게 된다. 작은 1도의 차이가 점차 크게 차이가 나는 이치와 같다고 할 수 있다.

중요시 여기고 붙잡으려고 노력하면 결국 붙잡히고 내 몸과 마음에 정착되게 되어 성격으로 형성되게 된다. 부모가 중요하게 여기고 소중하게 여기며 붙잡고 살아간다면 아이역시 그 부분을 소중히 여기고 붙잡고 살아가는 아이로 성장하게 된다.

4. 공감적 코칭 방법

공감적 코칭은 앞서 제시한 GROW 기법을 사용하기에 어려움이 있는 정서적 문제, 이상행동, 가치관 왜곡 등 다음과 같은 어려움이 있는 경우 GROW 기법에 앞서서 적용을 하고 이를 통해 학습자의 감정을 정리해주고 안정감을 갖도록 해준 다음 GROW 기법으로 코칭을 인도하는 것이 바람직스럽다고 할 수 있다.

첫째, 학습장애 요인이 있는 경우 : 정서, 가치관왜곡, 이상행동 등

코칭 진행시 계속적으로 화를 내거나 무반응, 피동적 자세, 자아비판 등 이상행동 등이 반복되어 나타나는 경우 공감적 코칭기법을 먼저

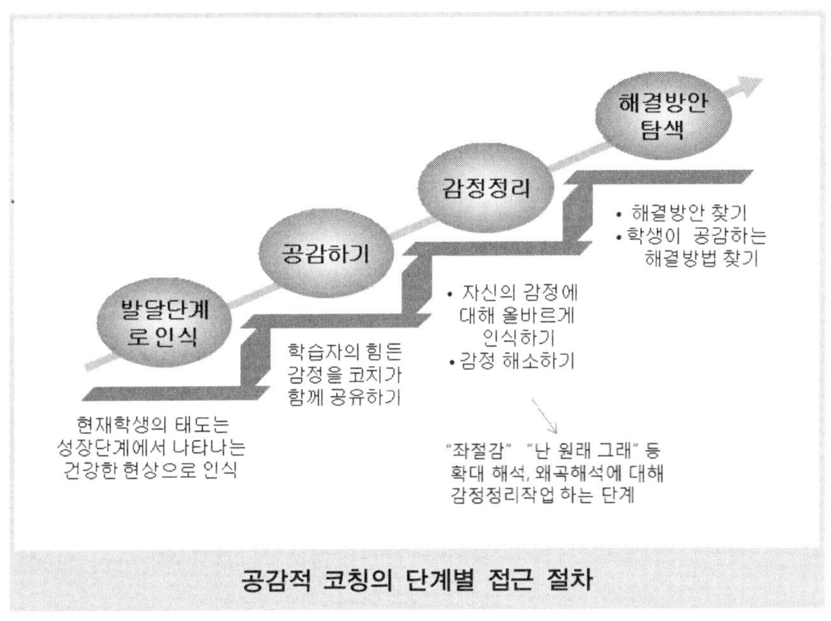

공감적 코칭의 단계별 접근 절차

사용하는 것이 좋다.

둘째, 학교나 학원, 친구관계에서 잔뜩 속상해 하거나 화가 나있는 경우 공감적 코칭기법을 통해 감정을 정리해주는 것이 필요하다.

가. 1단계 : 발달단계로 인식하기

아이가 보여주는 여러 가지 반응과 태도는 성장하면서 나타날 수 있는 정상적인 부분으로 인식하는 것이 필요하다.

짜증스럽게 여기거나 화를 내면서 받아들일 내용이 아니라는 점을 명확히 인지할 필요가 없다. 건강하게 발달하는 과정에서 나타날 수 있는 여러 가지 현상중 한가지일 뿐이다. 아이는 부모의 반응에 따라 그 부분이 강화되기도 하고 퇴화되기도 한다.

- 매번 아이가 불편한 반응을 보일때마다 부모도 화를 내거나 짜증스럽게 반응한다면 효과적인 교육이 이루어지기 어렵다
- 아이가 성장하기 위해서 "이런, 저런 방향으로 반응을 보이는 구나"라는 인식이 필요하다.
- "앞으로도 여러 가지 반응을 보일 수 있겠구나"라는 인식이 필요하며 어떻게 인도해 줄 것 인지를 고민하는 것이 중심을 되어야 한다.
- 초기에는 무조건적인 수용과 인정해주는 작업이 필요하다. 자칫 의견마찰로 이어질 수 있으므로 코치는 이 부분을 주의해야할 필요가 있다.

이 단계에서는 무조건적인 지지와 수용이 전제되어야 하는 단계이다.

피코치자가 현재 감정적으로 힘들어 하는 상태이므로 우선 이부분에 대한 적극적인 지지가 우선이라 할 수 있다.

감정 정리 작업이 이 단계의 핵심이므로 우선 감정을 가라앉힐 수 있도록 대화에 중심을 두어야 한다.

나. 2단계 공감하기

아이의 감정에 대해 파악이 끝나면 함께 그 감정에 머무르면서 "00한 감정이겠구나", "00한 기분이겠구나"라고 하면서 공감해주는 것이 이루어져야 한다. **- 신뢰형성의 단계**

1단계에서 파악된 감정상태에 대해 "머물러 주는 작업"을 해주는 단계이다. 피코치자는 현재 감정이 격해져 있는 상태이므로 동일한 감정에 대해 적극적으로 공감해 주는 것이 중요하다.

다. 3단계 감정인식하기

피코치가 자신의 감정에 대해 왜곡되지 않게 올바른 감정으로 인식하도록 정리해주는 단계. 피코치자(아이)가 여러 가지 복잡한 감정을 경험하거나 유사한 감정을 반복해서 경험하는 경우 지칠 수 있다. 이렇게 되면 "혼란스럽다"라는 감정을 체험하고 자신의 감정에 대해 "나는 문제가 있는 아이인가봐"라는 식으로 왜곡된 해석을 하게 될 수 있기 때문에 정리를 해주는 작업이 필요하다.

라. 4단계 해결방안 탐색

코치와 피코치자가 함께(동의하에) 해결방안을 모색해보는 단계

현재 자신에게 가장 적합하고 원하는 해결방안을 탐색하는 단계로서 실용적이고 해결지향적인 사고와 습관을 형성하는데 도움을 줄 수 있다.

해결방안은 반드시 피코치자가 동의해야 하며 피코치자 스스로가 중요한 방향을 찾을 수 있도록 가이드 역할을 해주어야 한다.

5. 의사소통 기법을 통한 코칭방법

적극적 경청

일반적인 듣기		적극적 경청
대답하기 위해 듣는다 (내가 말할 준비) **나의 관점**에서 듣는다		코치 **자신의 생각, 느낌, 감정 최소화** 상대의 이야기를 판단 없이 그대로 **수용, 이해**

- 명료화 하기 : ~라는 뜻인가요?
- 바꾸어 말하기 : 피코치자가 한 말을 다르게 표현하기
- 반영하기 : 감정과 관련된 부분을 바꾸어 말하기
- 요약하기 : 압축하여 핵심만 두 세 문장으로 말하기

MEMO

개방되고 강력한 질문

일반적인 질문

이거야, 저거야?
(단답형 질문)
왜 그 일을 하지 않았지?
(부정적 시각)
말했어? 안했어?

강력한 질문

어떻게 된 거죠?
(열린 질문)
어떻게 하면 그 일을 할 수 있을까요?
(긍정적 시각)

생각해야만 대답할 수 있는 '열린 질문'

☞ 예, 아니오 로 대답할 수 없는 질문

상황을 '긍정적' 으로 볼 수 있도록 도와주는 질문

☞ 바람직하지 못한 이유를 알 수 있고, 상황을 긍정적으로 볼 수 있음

미래의 행동과 가능성에 초점을 맞춘 '미래지향적 질문'

☞ 다음에 다시 하면, 무엇을 달리하시겠습니까?

MEMO

◎ 아이와 가까워지는 대화하기

1. 반영(어투에 주의해야함)

예 시 내가 보기에는 네 기분이 ________하게 느껴지는구나.

연 습 너는 괜찮다고 하는데 선생님이 보기에는 화가 많이 난 것처럼 보인다.

내 눈에는 어쩐지 좀 기운이 없어 보인다. 힘들어 보이기도 하고…

2. 공감(감정 나누기)

예시 1 학원친구들 중에 말을 함부로 하는 친구가 있어서 공부도 방해되고 짜증이 많이 나겠구나.

예시 2 000한 경우를 겪어서 정말 속상 하겠구나.

3. 유사경험 나누기(공감대, 신뢰형성)

예시 1 선생님도 너처럼 초등학생였을 때 000 때문에 00했던 적이 있었어..그땐 정말 창피하더라.

예시 2 선생님도 예전에 같은 학원다니던 친구들과 다툰적이 있는데 그때 속이 많이 상했었던 기억이 난다.

4. 조언하기

상대방이 받아들일 준비가 되어있지 않을 때(감정이 격해 있거나 우울해 있을 때 등)는 조언, 설득을 하기에 앞서 감정에 대한 공감작업이 선행되어야 한다. 그 이후 조언을 하는 것이 바람직하다. 또한, 조언은 함께 찾아보도록 하자고 하거나 몇 가지 대안을 제시하면서 어떤 방향으로 가는 것이 좋은지 함께 하도록 하는데 중심을 두어야 한다.

예시 1 지금처럼 계속 그렇게 되면 네가 공부에 흥미를 잃을까봐 걱정된다. 한번같이 대안을 찾아보는 것이 어떨까?

예시 2 예를 들어 000하는 방법, 또는 000한 방법 등 몇가지 방법이 있는데 네 생각에는 어떤 방법들을 생각해 볼 수 있을까?

◎ 심리적 지지기법

1. 긍정적인 면 부각시키기

예 시 지금 네가 공부하는 것을 보면 000한 것 같은데 그래도 참 잘하고 있구나. 다른 사람들도 그렇게 생각을 하고 있단다.

* 듣는 이로 하여금 코치에 대해 신뢰스럽게 여기게 하고 자신의 행동에 대해 자신감을 가지도록 힘을 주는 역할을 한다.

2. 노력에 대한 칭찬과 고마움 표시하기

예 시 공부와 아르바이트 일을 함께 하기가 굉장히 어려운데도 불평한번 없이 열심히 노력하는 모습을 보면 정말 장하구나. 선생님은 그 점이 너무 고맙다.

3. 성공적인 면 강조해주기

예 시 작년 5월쯤에 000시험 있을 때 시간도 부족하고 어려운 여건에서도 잘해냈던 기억이 나는구나. 그때 네가 끝까지 포기하지 않고 열심히 하던 모습은 참 보기 좋았어.

◎ 유용한 질문과 표현들

1. 지금 어떤 느낌이 드니? 감정으로 이야기 해볼까?

- 예를 들어 답답함, 혼란스러움, 막막함 등

→ 학생이 자신의 감정을 정확히 인식하도록 도울 수 있다. 올바른 감정인식은 불필요한 불안감, 초조감, 혼란스러운 감정을 정리하도록 도와주며 이를 통해 학습에 더 집중할 수 있도록 촉진시켜줄 수 있다.

2. 네 생각에는 어떤 상태, 어떤 상황이 되면 만족스럽겠니? 어떻게 하면 그것이 가능해지리라 생각하니? 그렇게 하기 위해서 네가 할 수 있는 일은 무엇일까?

→ 학생에게 자신의 목표를 좀 더 구체화 시켜 인식할 수 있도록 촉진해준다. 손에 잡히도록 구체화된 목표는 방향설정과 실행능력을 향상시켜 주는 기능을 한다.

3. 너의 변화를 가로막는 장애물은 무엇일까? 왜 그렇게 하기가 어려울까? 무엇이 뒤에서 잡아당기고 있는 걸까?

→ 장애물에 대한 구체적인 파악이 가능하고 현실에 대한 대처 방안을 마련하는 역할을 한다.

❂ 대화를 통한 코칭실습

다음 주어진 상황에서 제시된 질문에 대한 답을 해 보십시오

1. 어깨가 축 처져서 집에 들어온 아이

가. 나의 첫 반응은?

나. 나의 첫 대화는?

다. 이때 코치자의 마음, 기분은?

라. 어떤 점을 고려해야 할까요?

2. 질문을 해도 대답을 잘 하지 않을 때

가. 나의 첫 반응은?

나. 나의 첫 대화는?

다. 이때 코치자의 마음, 기분은?

라. 어떤 점을 고려해야 할까요?

3. 핵심파악이 어렵도록 길게 길게 설명하는 아이

가. 어떤 반응으로 대처?

나. 어떻게 코치해야 할까요?

다. 주의해야 할 점은?

4. 신경질적인 반응을 보이는 학생

가. 어떤 반응으로 대처해야할까요?

나. 무슨 말을 하시겠습니까?

다. 주의해야 할 점은?

아이가 자유롭게 진술할 수 있도록 제시된 질문
깊이 생각을 해야만 대답할 수 있는 질문
잠재된 능력을 일깨워 줄 수 있는 질문
아이의 관점, 의견, 사고 ,감정까지 이끌어 내는 질문

개방형 질문 vs 폐쇄형 질문

응답을 선택하도록 제시된 질문
오로지 명백한 사실만을 요구하는 질문
한정된 정보만을 얻을 수 있는 질문

◎ 개방형 질문은…

- 개방형 질문을 받으면 무슨 대답을 해야 할지 생각하게 된다.
- 핵심이 무엇일지 생각하도록 한다.
- 무엇을 질문하고 있는 것인지 탐색하게 한다.
- 현재 상황에 집중하도록 촉진한다.
- 자신의 의사표현을 하도록 도움을 준다.
- 다양한 각도에서 문제를 쳐다보는 기회를 갖도록 해준다.
- 토론의 기회로 연결이 되며 참여를 높여주는 효과가 있다.

'질문의 공'은 학습자에게!!

너는 어떻게 하면
좋을 것 같으니?

엄마 어떻게 하는게
좋을까?

코치가 공을 쥐고 있는 시간을
최소화 하는 것이 중요

◎ "너는 어떻게 하는 게 좋겠니?" 질문의 힘

- 문제에 대한 학생 스스로의 입장을 정확히 알 수 있다.
- 정말 무엇을, 어떻게 하고 싶은지 구체적으로 탐색하도록 한다.
- 자신의 문제에 집중하도록 해주는 효과가 있다.
- 자신의 문제에 핵심주체는 본인임을 환기시켜주는 역할을 한다.
- 현재 어떤 생각을 하고 있는지 알 수 있다.
  - 예 포기한 건지, 잘 해보고 싶은 건지 등
- 이것을 기반으로 코칭의 방향을 설정할 수 있다.
- 학생의 생각을 공유할 수 있는 기회를 제공한다.

◎ 다그치는 대화 유형

부모 : 지난번에 하지 말라고 했어, 안했어?

아이 : …

부모 : 빨리 대답안해!

아이 : 네

부모 : 너는 어째서 맨날 그 모양이냐! 어휴 이 못난놈아

아이 : ◎ ? %‰ ~

* 아이에게 윽박지르는 것은 나 스스로에게 윽박지는 것이다.

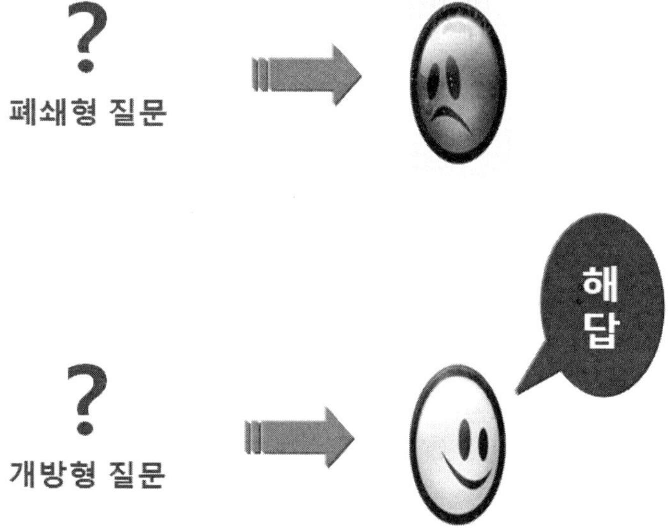

패쇄형 질문은 단답형의 대화만 가능하며 관계를 악화시킨다.

이에비해 개방형 질문은 피코치자가 원하는 방향에 가장 가깝게 다가갈수 있으며 지속적인 대화가 가능해지게 해주는 역할을 한다.

2부 발달심리와 코칭의 관계

제3장 학습코칭을 위한 발달심리 이야기

1. 유아기 특성과 학습코칭중점 – 초등저학년

유아기 2세 ~ 6세

- 자기 중심적 사고
- 한가지 정서만 체험이 가능
  (두 가지 이상의 정서 체험 어려움)
- 내가 미워해서 동생이 아프다 는 사고 방식
- 인지가 확장되는 시기
- 언어 습관이 형성되는 시기

이 시기는 인지가 확장되는 시기이므로 여러 가지 자극을 통해 인지 능력과 사고력을 키워주는 것이 좋다. 많은 부모들이 좀 더 많은 것을 보여주고, 전달하고 익히도록 하기위해 노력하는 것은 좋은 현상이지만 너무 많은 것을 보여주면서 빨리빨리 습득하기를 바라거나 다른 친구, 형제에 비교하여 교육을 하는 것은 바람직스럽지 않다.

쉽게 습득하는 아이가 있고, 천천히 습득하는 아이가 있으므로 아이들의 특성을 파악하여 지도 수준을 결정하는 것이 필요하다.

자신이 하고 싶어 하는 일을 못하게 되거나 참아야 하는 이유에 대해 자세히 설명해 주는 것이 필요하다. 요즘 사회는 자녀가 1~2명이다 보니 부모들이 헌신적인 노력을 자녀들에게 기울이지만 너무 이쁘다고 보육에만 신경쓰고 "훈육"개념은 활용하지 못하는 경우가 많다. 부모 스스로가 교육철학이 없는 경우 내 아이가 대인관계, 집단에서 적응하는 방법에 어려움을 겪고 주변 친구들에게 눈총받는 아이로 자라도록 만드는 안타까운 일이 벌어지는 것이다. 실제 가족 상담에서 이러한 "나만의 최선"을 다한 부모들을 자주 마주치게 된다.

아래에 제시된 유아기 아동의 특성을 잘 이해하여 학습코칭에 참고하는 것이 바람직하다.

① 이시기 아이는 "스폰지" 같은 존재이다. 인지능력이 확대 발달되면서 언어, 동작 등을 따라하고 하루가 다르게 표현력이 발달하는 단계이다. 이시기 부모의 습관, 말투, 관계형성 노력 등은 아이에게 중요한 영향을 미치게 된다. 아이 말수가 적더라도 부모는 다소 과장된 말투, 적극적인 칭찬, 격려, 탄력적인 반응 등을 지속적으로 지원해 주어야 하는 시기 이다.

② 주의해야할 표현

큰 아이는 안 그런데 얘는 왜 이리 느리지?

- 네 형(오빠)은 이 시기에 한글을 끝냈는데 너는 언제 다하냐
- 큰일이야 큰일 !! 바보도 아니고!!
- 답답해 죽겠네 등

③ 유아기 코칭의 중심

- 정해진 시간에 정해진 내용을 규칙적으로 학습하는 습관
- 책읽는 습관(자연스럽게 친해 지는 경우를 의미)
- 학습과 놀이의 시간을 구분하는 습관
- TV, 컴퓨터 사용시간의 자율적 조절 능력의 습득
  (무조건 사용 못하게 하는 것이 목적이 아니다)
- 이러한 과정(TV, 컴퓨터 등 관리하는 것)이 왜 중요한지를 깨닫고 "자신에게 소중한 일"이라는 인식을 심어주도록 노력하는 것이 중요

유아기에는 이러한 원칙을 지킬 필요가 있다. 이것이 밑거름 되어 아동기에 들어서는 경우 아이와 대화, 생활습관, 학습습관에도 많은 영향을 미치게 되기 때문이다. 유아기는 “마음의 그림”을 그리는 시기라고 할 수 있다. 건강한 마음의 그림을 그리게 해주면 좋은 성격, 좋은 대인관계, 좋은 학습습관을 형성하는 바탕을 형성하게 된다.

부모가 어떤 모습, 어떤 대화스타일, 어떤 집안 분위기를 만드냐에 따라 아동에게 큰 영향을 끼치게 되는 것이다.

유아기에는 세상에 대한 반응방식을 익히는 중요한 시기이다. 언어표현을 잘 못한다고 해서 대화를 나누지 않고 있는 것이라 생각하면 안된다. 대화에 임하는 부모의 눈빛, 태도, 말투, 표정 등을 통해 아이는 부모와 신뢰관계를 형성하는 것이다. 이 부분은 학습에 많은 영향을 미치게 된다. 신뢰관계가 형성되면 아이에게 집중력, 흥미, 즐겁게 학습하는 태도를 형성하게 된다.

2. 아동기 학습은 어떻게 하는 것이 좋을까?

아동기 7세 ~ 12세

- 가정 ⟶ 학교/ 또래집단으로 확장
- 운동, 언어 능력 급증
- 부모와 대립이 시작되는 시기
- 이성에 대한 관심 형성
- 도덕심, 책임감, 정체성, 자존심 형성시기
- 사춘기 시작, 대인관계 확장시기

가. 초등 저학년

① 초등 저학년의 경우 "왜 학습이 중요한지" 인식이 필요한 단계이다.

② 점수에 너무 집착하는 성격이 되지 않도록 주의해야 하는 시기이다.

③ 실수, 실패의 경험을 소중히 여기는 기회로 변화시키는 체험 필요한 시기이다.

항상 잘해야만, 항상 일정수준을 유지해야만 한다는 사고나 가치관은 아이를 힘들고 지치게 한다. 올림픽에서 유망한 기대주가 실수로 메달획득에 실패했을 때 다음번 대회에서 성장하는 교훈으로 삼는 것과 같은 이치이다. 최근 아동교육에서 실수, 실패를 용납하지 않는 경향성은 탄력성이 부족한 아이로 성장하는 문제

로 이어지기도 한다.

④ 아이가 불안, 걱정, 00해야만 해 라는 인식에 시달리는지 여부를 점검하는 시기이다.

⑤ 휴식, 공부를 적절히 구분하고 시간조절을 할 수 있는 능력 습득이 필요한 시기이다.

⑥ 마라톤 경주와 같은 개념이 필요.
풀 코스를 완주하기 위해서는 쉴 때 쉬고 뛸 때 열심히 뛰는 완급조절능력 구비가 중요함을 인식하는 시기이다.

⑦ 어려운 문제는 부모와 함께 인터넷, 사전, 책등을 탐색하며 찾아보는 습관을 형성하는 시기이다.

나. 초등 고학년

① 체계적인 학습단계를 형성하는 단계(연계성 구축)

② 4~6학년은 학습이 연결되어 있으므로 체계적인 관리를 필요로 한다.

③ 학년별로 필수적인 공식, 중점, 개념, 포인트 등을 노트에 별도로 정리하여 활용하는 습관 형성이 중요하다.

④ 학습수준이 낮아지는 아이들은 학습상담을 통해 학습에 장애가 되는 요인을 해소해 주는 것이 필요하다.

⑤ 자기주도적 학습습관 형성이 정착되는 시기이다.

⑥ 저학년때 성적이 우수한 학생도 정서적인, 환경적인 특성에 따라 성적에 변화가 올 수 있는 시기 - 부모의 적절한 대처가 중요하다.

⑦ 자율적인 관리능력을 형성시켜주어야 하는 시기이다.
(부모의 개입을 점차 줄여주어야 함)

⑧ 사회, 과학 등을 위해 평소 신문, 잡지 등을 통해 개념을 익숙하게 만드는 노력이 필요하다.

유치원과 초등 1, 2학년을 거치는 동안 아동들은 인지가 빠르게 확장되고, 이시기에 학습을 어떻게 하느냐에 따라 향후 학습능력에 많은 영향을 미치게 된다. 이러한 이유로 인해 부모들은 초기학습을 위해 여러 가지 수고를 아끼지 않고 열심히 아이들의 학습을 위해 노력을 기울인다. 그럼에도 불구하고 처음에는 공부를 곧잘 하던 아이가 학년이 올라갈 수 록 학습에 문제가 생기는 경우를 어렵지 않게 볼 수 있고 집중을 못한다거나, 산만해졌다거나, 짜증을 많이 낸다거나 등의 이유로 학습이 어렵다고 호소하는 부모들을 자주 만나게 된다. 그렇다면 아동기에 학습은 어떻게 하는 것이 좋을까?

다음과 같은 몇가지 원칙을 마음속에 두면 많은 도움이 될 듯하다

첫째, 학습의 목표는 『즐겁게 공부하는 습관』을 기르는데 중점을 두어야 한다.

부모들은 초기에 학습을 통해 성적올리기와 유명한 학원 다니기, 과외시키기 등을 통해 처음부터 앞서가는데 열을 올린다. 그래야 마음도 놓이고, 처음부터 격차를 벌여놓아야 나중에도 앞서가는 것으로 인식하고 무척에너지를 쏟고 있다. 이러한 방식이 잘못되었다는 뜻이 아니라 순서와 집중방향의 문제라고 할 수 있다. 아동초기에 학습은 책을 읽고 뭔가를 배우는 하는 과정이 즐겁다는 인식이 반드시 형성되어 주어야 한다. 학습은 대학에서 끝나는 것이 아니라 평생의 과업이다. 길고긴 과정에서 처음부터 잔뜩 온몸에 힘을 주고 긴장한 상태에서 뛰어나간다면 조만간 탈이 날 가능성이 높아진다고 할 수 있다. 놀다가도 시간이 되면 스스로 책을 읽고 그 과정을 즐기고, 재미있어 하는 아이로 습관을 형성해 주어야 한다.

둘째, 좋은 교육은 비싼교육, 유명한 학원이 아니다.

학원을 안다니고 집에서 학습을 하는 아이들 중에서도 비싼 교육을 받은 아이보다 좋은 성과를 내고 있는 경우를 어렵지 않게 볼 수 있다.

유치원, 초등학교 저학년 시절에는 학원에 의지하기 보다는 엄마와 자녀가 함께 학습 하는 습관을 형성하는 것이 중요하다. 이러한 과정을 통해서 얻을 수 있는 장점은 다음과 같은 점을 들 수 있다.

셋째, 엄마와 자녀의 좋은 관계 형성이다.

교감을 형성하고, 내 아이가 학습에서 어떤 부분이 강하고 약한지를 파악할 수 있는 기회를 제공한다.

넷째, 함께 학습을 하는 동안 뭔가를 찾아보고 연구하는 엄마, 아빠의 모습을 보는 과정 자체가 아이에게 교육적 기능을 하게 된다.

어려운 문제를 만나면 "몰라" 하기 보다는 "그래… 과연 그게 뭘까 엄마랑 함께 찾아보자"라고 하면서 사전, 인터넷 등을 탐색해 본다면 아이는 그러한 엄마의 모습에서 자기스스로 연구하고 탐색하는 습관을 배우게 되는 것이다. 즉, 복잡한 문제, 어려운 문제를 만나게 되면 침착하게 해결하려는 노력을 하는 아이로 성장하게 될 수 있다.

엄마, 아빠가 모르는 것을 아이와 함께 찾아본다면 바로 그 분위기와 과정에서 아이와 부모관계는 깊은 유대관계를 형성하고, 아이는 어려운 문제가 있으면 해결책을 여러 방면의 탐색을 통해 찾으려고 노력하는 침착한 아이로 성장하게 될 수 있다. 건강한 부모-자식관계의 형성, 차분한 공부습관을 가진 아이로 발전하게 되는 것이다. 여기에 부모에 대한 존경과 신뢰는 보너스라고나 할까?

다섯째, 정서적 안정감 형성을 목표로 해야 한다.

우울, 짜증, 불안감, 초조감을 형성한 아이들은 결국 학습에 문제를 일으키게 된다. 빠르게 많이 남보다 더 잘하는 것이 목표가 되어서는 안 된다.다른 친구들의 학습진도를 궁금해 하고, 몇 문제 더 맞았냐를 신경쓸 일이 아니라 정서적 안정감을 목표로 해야한다. 지금 내가 좀 못하더라도 또는 더 잘하더라도 '이게 전부는 아니구나 더 잘해야겠구나'라는 마음가짐형성이 중요하다고 볼 수 있다.

학습은 즐거워야 한다.

학습은 즐거운 습관, 즐거운 과정이라는 마음의 느낌이 형성되어야 한다.

3. 청소년기 발달특성과 학습코칭중점

청소년기 13 ~20세

타인과의 비교에 민감한 시기

자아개념, 성격형성, 사회적응 준비시기

이성에 대한 관심이 증가하는 시기

자긍심, 자존심, 효율감 등이 형성되는 시기

감정기복, 수줍음, 우울, 불안, 분노가 불안정하게 표출

학업과 진로에 대한 불안과 걱정이 많은 시기

가. 정서상태가 학습에 미치는 영향에 대한 관심이 필요

① '사춘기라서… 저만한 나이때는 다그래'라는 인식으로 놔두기 보다는 정서가 학습에 어떠한 영향을 미치는 지에 대해 파악하는 것이 중요

② 짜증, 분노, 답답함 등의 원인을 찾아 해결방법을 찾는 것이 중요

③ 청소년기에 정서적인 문제로 학습에 영향을 받는 경우 학습상담을 통해 해소하는 것이 반드시 필요

나. 학습이 부진한 경우 학습심리검사와 현재 학습습관에 대한 종합적인 판단을 위해 학습상담이 필요

다. 진로적성검사, 상담등을 통해 자신에게 가장적합한 진로를 찾는 것이 필요 – 진로는 곧 목표가 되고 학습에 좋은 동기가 될 수 있다.

라. 진로를 성취할 수 있도록 공부방향을 정립해 주는 것이 필요

마. 인생에 큰그림을 그릴 수 있도록 가이드 역할이 필요

바. 리더십프로그램, 또래상담, 학습캠프 등 경험을 통해 거시적인 안목과 집단내 활동능력을 길러주는 것이 필요

청소년기에는 급작스런 감정 기복과 신체적인 변화를 가져오는 시기이다. 부모의 대처 방식이 더욱 중요한 시기라고 할 수 있다. 유아기, 아동기를 거치면서 앞서 제시한 방향을 잘 지켜온 경우라면 자녀와 갈등이 발생되어도 상호 신뢰를 바탕으로 잘 해결 할 수 있겠지만, 그렇지 않은 경우에는 많은 어려움이 수반될 수 밖에 없다.

이시기는 자녀의 진로, 적성, 가치관 등이 확립되는 시기이므로 너무 가깝게 붙어있는 관계 보다는 자녀가 어떤 생각, 방향을 보고 있는지 침착하게 지켜보고 방향을 제시할 수 있는 "가이드" 역할을 해주어야 한다. 다양한 형태의 반응을 보이는 자녀를 지도하기에 부모로서 어려움을 겪게될 수 있는데 이시기에는 진로유형, 학습유형, 성격유형 등에 대해 심리검사를 실시하고 이를 기반으로 전문가와 상담해보기를 권한다.

자녀가 청소년기에 들어서면 이미 부모의 영향을 벗어나려고 하는

시기이므로 전문가를 통해 좀더 좋은 방향을 찾는데 도움을 얻는 것이 필요하다. 부모-자녀는 가까운 관계이지만 그렇기 때문에 객관적인 이야기를 하기가 어려울 수 있기 때문이다.

학습시간 방해를 우려하여 상담을 꺼려하는 경우가 있다. 상담에는 1주일에 1시간 - 2시간 정도 투자를 하게 되지만 그 효과로 인해 더 학습에 집중하게 되고 방향을 설정하게 될 수 있다.

학습을 방해하는 요인을 그대로 놔두고 여러시간 학습하는 것보다는 상담을 통해 해소하고 학습에 집중하기를 권한다.

문제해결과 함께 더 잘되기 위한 학습상담으로 인식하는 것이 필요하다.

제4장 학습문제(장애) 이해하기

1. 학습을 어렵게 만드는 부적응심리에 대한 이해

– 정서, 동기, 심리적 특성에 미치는 영향

증상은 보통 심리적인 어려움, 문제점, 통증 등이 신체화되거나 정서화(슬픔, 우울, 불안, 동일한 생각의 반복 등) 되고, 때로는 생각으로 나타나는 것을 증상이라고 할 수 있다. 여러가지로 증상에 대해 설명할 수 있으나 알기 쉽게 정리해 보면 다음과 같다.

아래 내용은 부적응 증상으로 이어지기도 하고, 단순히 성격적인 특성으로 머무를 수도 있다. 다만, 아래와 같은 내용들이 반복해서 나타나거나 이로 인해 학습에 장애를 겪는 경우에는 현재 "편안하지 않은 상태", "뭔가 힘든 상태" 등으로 해석하고 상담을 통해 아이의 불편한 심리구조를 파악하고 해결해 주어야 한다.

즉, 아래의 모든 경우가 부적응 심리라고 판단하기보다는 뭔가 원만치 못한 상태이고 이러한 증상들이 "왜 나타나는지", "왜 개선이 안되는지"에 중심을 두고 파악하도록 노력해야 한다.

1. 말수가 적고 조용히 혼자서 있는 경우가 많다.
2. 저녁에 조용하거나 잠자리에 들려고 하면 왠지 무겁고, 우울하고, 무서운 생각이 든다.
3. 낮에는 잘 생활하는데 저녁에 혼자 있거나 잠자리에 들려고 하면 무서운 생각이 든다고 하며 잠을 잘 자지 못한다.
4. 모든 일에 대처할 때 짜증을 자주 낸다.
5. 시험을 보려고 하면 "시험 못 볼까봐 걱정돼"라는 반응을 자주 보인다.

6. 몸에는 특별한 증상이 없는데 자주 아프다고 이야기 한다.

예 배 아퍼요, 머리 아퍼요, 힘이 없어요 등등

7. 잠을 자면서 누군가에게 쫓기거나 위협받거나 죽임을 당하는 꿈을 주로 꾼다.

8. 학습은 잘하는데 왠지 산만한 분위기를 자주 보여준다.

9. 물건 등을 자주 떨어뜨리고, 자신의 물건을 잘 관리하지 못하고 잃어버리는 경우가 많다. - 집중력이 부족한 경우

10. 게임을 하면 시간관리가 안 된다.

11. 게임 외에 학교, 친구관계, 학습 등에는 적응을 잘 하지 못한다.

12. 친구들과 어울리지 못하고 혼자지내는 시간이 많다.

13. 대화를 할 때 흐름과 전혀 관계없는 이야기를 하는 경우가 있다.

14. 왕따를 당하고 있다.

15. 부모님과 대화를 하지 않으려고 한다.

16. 가스밸브, 문잠금, 숫자를 반복하는 경우가 있고 정확하게 정리를 안하면 불안해한다.

17. 엘리베이터, 지하철을 타면 답답하고, 숨이 막히고, 무섭다.

18. 지하주차장(창고 등)도 역시 무서워서 들어가기가 꺼려진다.

19. 내 몸 어딘가가 이상한 게 아닌가 생각이 들어 괴롭다.

20. 왠지 어지럽고, 힘들다는 느낌이 자주 든다. 하기 싫은 일을 하게 되면 눈을 비비거나 두통, 복통, 현기증 등을 호소하는 경우가 있다.

21. 사람들의 눈을 보면 나를 무시하거나 멸시하는 느낌, 때론 공격적인 느낌을 받는다. 시선을 마주보기가 어렵다

22. 비슷한 주제의 꿈에 계속 시달린다(가끔 꾸지만 비슷한 꿈 체험 등), 가위에 눌리기도 한다.

23. 죽으면 편안할거라는 생각이 든다.

24. 자꾸 "실패할까봐 걱정되는 마음"에 시달린다. 경쟁에서 지는 경우 감정을 조절하지 못하고 힘들어 한다.

25. 화가 나면 통제가 잘 안된다. 과도한 분노에 시달리고 물건을 파손하기도 한다.

26. 상대방 또는 자신을 자해하고 싶은 생각에 시달린다.

27. 한번 실패하면 깊은 좌절감으로 힘들어 한다. - 실패에 대한 부적응

28. 왠지 우울하고, 기분이 무겁고, 학교에 다니기가 힘들다.

29. 눈을 자주 깜박인다. - 틱

30. 특정한 행동을 반복한다.

31. 인형이나 동물 등을 학대하는 행동을 보인다.

32. 성적이 좋던 아이가 점점 하락한다.

33. 어려서는 말이 잘 통하고 부모 말을 잘 듣던 아이가 대화를 거부하고 공부에도 적응을 잘 못하고 있다.

34. "욱"하는 성향이 있다.

❂ 부적응심리(증상)에 대한 올바른 이해

1. 이러한 형태들을 『증상』 또는 『부적응심리』라 한다.

내 마음이 현재 평화롭지 못하고 힘들다는 증거이며 이대로 살아서는 안 된다는 메시지이기도 하다.

아동들이 특정한 행동, 산만함, 폭력성, 갑작스런 성적변화, 눈깜박임 등의 증상은 현재 스스로가 편하지 않다는 것을 보여주고 있는 것이라 할 수 있다.

2. 마음은 우리 몸을 지배한다.

마음이 힘들면 우리 몸에는 의학적으로 “신경성” 또는 “과민성”이라 불리는 증상들이 나타날 수 있다. 이 현상은 의식을 하고 안하고와는 관계가 없이 자동적으로 발생되는 현상이다.

3. 이러한 사실을 받아들이고 고치려는 노력을 해 나간다면 몸과 마음이 일치되고 아동에게 나타나는 증상들이 한결 감소하고 편안함을 경험하게 된다. 그러나 “저 나이 때는 다들 그래”, “사춘기가 벌써 왔나 봐”라는 식으로 해석하고 놔둔다면 더욱더 증상은 다양하고 복잡하게 나타나게 된다.

4. 현재 아동의 무의식이 “나 지금 힘드니까 도와줘”라고 도움요청을 하는 것이 증상 이라고 볼 수 있다.

5. 이러한 내용들을 가지고 우울증, 공황장애, 불안장애, 강박증, 신경증 장애, 학습장애, ADHD 등으로 진단명을 부여하는 것이다.

6. 결국, 어떤 진단이 나오느냐가 중요한 것이 아니라 모든 증상은 내 마음의 표현이라는 점을 깨달아야 한다.

어떤 아동은 학업스트레스로 인해 강박증상이 나타나기도 하고 어떤 아동은 불안증상, 산만함이 나타날 수 있다.

동일한 상황에 대해 개인별로 취약한 부분이 영향을 받게 되므로 그와 관련된 정서, 행동적 증상이 발생될 수 있는 것이다. 증상이 나타나면 즉시 전문가와 확인 작업을 통해 조치를 취해 주어야 한다.

7. 진단명을 붙여놓고 그 증상을 없애려고 애쓰면 안 된다.

그건 또 한 번 내 마음을 억누르는 결과를 가져오기 때문에 내 마음이 더욱 거세게 화를 낼 수 도 있다. 이러한 상태가 되면 이미 『만성화』 단계에 들어선 것으로 볼 수 있다.

아동이 "틱" 행동을 보이는 경우 부모가 못하게 제재한다면 아이는 부모가 안보이는 곳에 가서 더 심하게 그 행동을 반복한다. 또는 다른 이상행동으로 전이가 되어 나타나기도 한다. 그러므로 문제행동에 대해 화를 내면서 못하게 막기 보다는 "증상"이구나 라고 이해하고 상담을 통해 아이가 현재 무엇이 불편한지를 찾아보고 해결하도록 하는 것이 선행되어야 한다.

이쯤되면 학습에 좋지 않은 영향이 오는 것은 당연한 일이 된다.

8. 증상이 깊어지는 단계를 살펴보면,

1차 : 증상발생(부적응심리)이 발생된 후

2차 : 그 이후 또 그럴지도 모른다는 『사고』, 『믿음』 형성, 매일 문잠금, 전기스위치 등에 과도하게 신경을 쓰게됨. 확인 안하면 공부에 집중이 안됨

3차 : 현실에서 무거운 마음 또는 생활에 지장(집중도 저하, 학습저하, 자신감 결여 등)을 초래함

우리를 괴롭히는 증상은 위와 같은 구조로 이어지고 현실의 생활에 영향을 미치게 된다.

2. 부적응심리의 발생원인과 올바른 해석

"증상"이라는 용어는 여러 가지로 이해할 수 있지만 상담분야에서 증상의 의미는 다음과 같이 정의하는 것이 올바르다고 본다.

증상은 원래 지니고 있는 마음 문제점, 어떤 사고로 인해 발생된 문제점, 가치관, 성격 등으로 인해 지니고 있는 문제점 등 다양한 원인에 의해 내담자에게 나타나는 심리적, 정신적 부적응 현상 이라고 정의할 수 있다. 증상은 병리적인 개념은 아니지만 우리에게 마음문제점에 대해 깨닫게 해주거나 진단할 수 있도록 해주는 중요한 매개체 역할을 한다고 볼 수 있다. 감기에 걸리면 기침, 콧물이 나오듯이 기침과 콧물 그자체가 문제가 아니라 이러한 증상을 통해서 "감기"라는 질병을 알 수있게 해준다는 의미를 지니고 있다.

심리적인 경우에서도 마찬가지로 아래와 같은 증상들이 발생되면 나에게 어떤 심리적인 문제가 내재되어 있는 것으로 인식하는 것이 올바르다.

첫째, 행동 및 신체적인 특성

- 틱, 뚜렛, 산만함, 폭력성, 과도한 음주, 게임의존, 집중력저하, 두통, 복통 등 의학적으로 밝혀지지 않는 신체적 통증

둘째, 정서적인 특성

- 조절되지 않는 불안, 우울, 공포, 분노, 어수선함, 불면, 슬픔 등
  * 이러한 증상들이 나타나면 일단 의학적인 관점에서 문제가 없는지 1차적인 점검이 필요하다. 의학적인 소견이 없는데도 이

러한 증상이 이어진다면 심리적인 부분까지 점검을 해보는 것이 바람직하다.

증상은 여러 가지 원인과 마음문제점으로 인해 발생되지만 발생된 증상에 대해 다음과 같은 원인 분석이 필요하다.

1. 특정 사건으로 인해 발생된 경우 그 사건의 발생구조,
2. 그 사건에 대한 내담자의 관점, 가치관, 사고방식, 해석하는 메카니즘에 대한 분석이 필요하다.
   즉, 그 사건에 대해 어떻게 이해하고 해석하는지를 분석해야한다. 동일한 사건을 경험한 경우라 하더라도 개인별 특성에 따라 오랫동안 시달리는 사람도 있고 일정시간 후 정상적인 생활이 가능한 사람도 있기 때문이다.

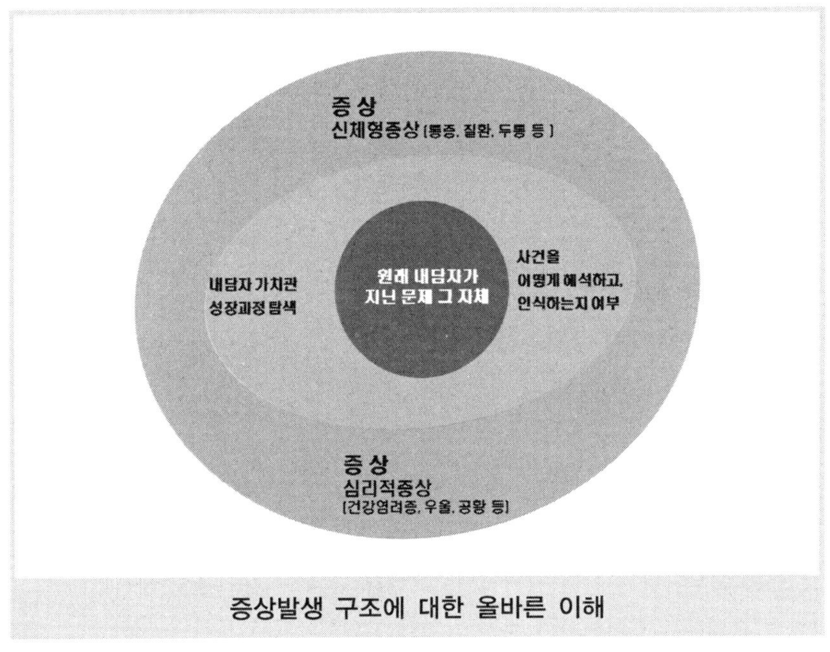

증상발생 구조에 대한 올바른 이해

앞의 그림에서 보듯이 증상은 최초 내담자가 지닌 문제점과 사건으로 발생된 문제 점 등으로 크게 볼 수 있다. 이 부분은 내담자가 인식할 수도 있고 인식 못하고 삶을 살아갈 수 도 있다. 두 가지 경우 모두 내담자에게 "증상"이라는 것을 통해 현실에 나타나게 되는 특성이 있다.

이러한 증상역시도 내담자가 '신체적 질병 또는 노화, 특성, 신경성 등으로 이해하는 경우가 있다 보니 심리적인 문제점과의 연결성을 찾아내기에는 어려움이 뒤따른다. 그러나 너무 이러한 것을 증명하려고 애쓸 필요는 없다. 모든 증상은 한가지 원인만으로 발생된다기 보다는 사건, 성격, 가치관, 주변인들의 도움여부, 그 이후 비슷한 경험유무, 신체적 건강정도 등에 따라 복합적으로 나타나기 때문이다. 꼭 집어서 심리적 문제다'라고 주장하기 보다는 "심리적인 부분까지 짚어보고 함께 좋아지도록 노력한다"라는 개념으로 접근 하는 것이 더 현명하다고 할 수 있다.

예를 들어 가족관계가 좋지 않은 내담자의 경우 부모나 형제 때문이라고 원망할 수 있다. 자신이 좀더 탄력적으로 받아들이고 대처하지 못한 부분에 대해서는 전혀 돌아보지 않는 내담자의 경우 이러한 복합적인 증상개념으로 부드럽게 접근하는 것이 필요하다고 본다. 상담과정에서 가정의 역동관계를 다루면서 자연스럽게 내담자 스스로의 대처방식을 돌아보도록 인도하는 것이 효과적일 것이다. 그렇지 않으면 자칫 내담자가 "결국 제 탓이란 말씀입니까"라는 식의 반응을 보일 수 있기 때문이다.

증상은 우리 마음의 대처 방식이다. 원하지 않는 현실에 대한 내 마음의 대처방식과 그 결과물이 증상이라고 보면 된다. 못마땅한 현실로 인해 배가 이유없이 아프고 두통에 시달린다고 보는 관점이 증상을 이

해하는데 올바르다고 볼 수 있다.

내가 원하는 수준의 이상과 실제 현실에 차이가 많은 경우 우리의 스트레스와 부적응은 심하게 나타날 수 밖에 없다. 증상은 내가 더 잘 되고 싶은데 그러지 못해서 나타나는 "심리적 호소", "심리적 힘듬"의 표현이라고 보는 것이 적절하다. 내담자의 호소를 문제로만 인식하는 것보다는 좀 더 효과적인 해석방식이 될 것이다.

다음의 그림에서 본바와 같이 이상과 현실의 차이가 클수록 우리는 스트레스와 힘든 마음을 체험하게 된다. 이로인해 여러 가지 심리적

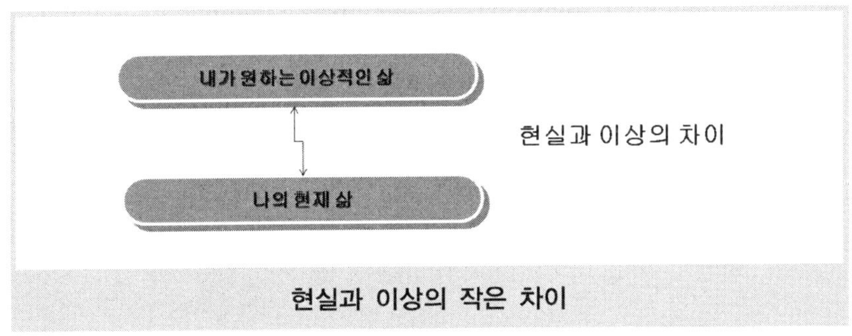

현실과 이상의 작은 차이

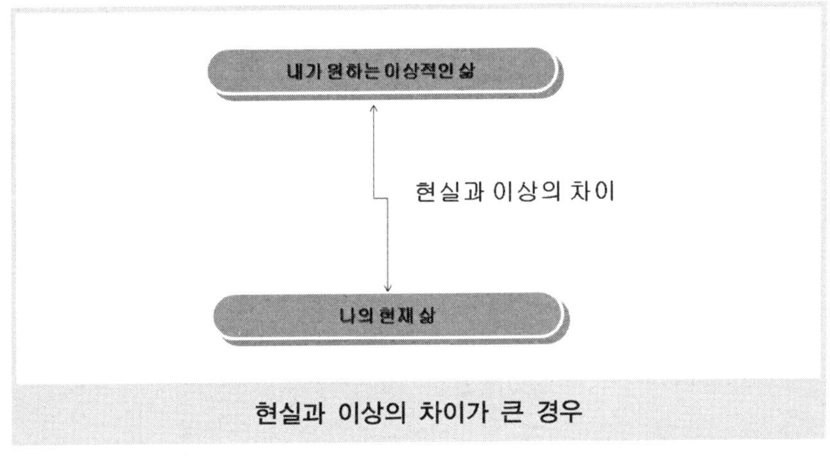

현실과 이상의 차이가 큰 경우

부적응과 스트레스, 신체적 통증, 이상행동에 시달리게 될 가능성이 커지게 되는 것이다.

증상은 심리적, 정신적으로 문제있는 사람에게 발생하는 것이 아니라 "더 성장하고 싶은 사람", "자신의 현실이 못마땅하고 지금보다는 더 좋아지고 싶은 사람"에게 발생되는 심리적 부적응 현상의 총체라고 할 수 있는 것이다.

3. 아무것도 하고 싶어 하지 않는 아이 – 동기부족

피동적이고 아무것도 하고 싶어 하지 않는 성향을 띈 아이들이 있다.

무엇을 하고 싶은지를 물어보면 그냥… 아무 관심 없어요… 라고 피동적으로 반응하는 아이들이 있다. 매사에 의욕이 없고 짜증스러워 하며 부모와 관계에서도 마찰을 일으키게 된다.

아무것도 하고 싶어 하지 않는다는 것은 뭔가를 하고 싶도록 만드는 동기가 없다는 것을 볼 수 있다. 스스로를 돌아보면 어느 때 움직이고 싶지 않은지를 조금은 알 수 있다. 주로 다음과 같은 원인들이 내재되어 있을 수 있다.

1) 뭔가를 했을 때 좋지 않은 피드백을 경험하고 살아온 경우
2) 해도 혼나고, 안 해도 혼나는 경우
3) 너는 늘 그 모양 이야 라는 이야기를 듣게 되는 경우
4) 부모와 뭔가를 상의하고 의사소통하는 것이 싫은 경우
   - 이 역시 대화스타일과 연결이 되어 있다고 볼 수 있다.
5) 늘 부모가 자신을 억압하고 있다고 여기는 경우
6) 부모에 대한 일종의 반항
   - 자신을 보면서 답답해하는 부모의 모습에서 느끼는 일종의 즐거움
   - 내가 누구 좋으라고 움직이겠어… 하는 마음

이러한 요소들이 숨어있는지를 점검하여 해결 할 수 있는 방법을 찾는 것이 중요하다. 부모가 직접 나서서 해결하려면 오히려 관계가 악화 될 수 있다.

전문적인 학습상담을 통해 방향을 제시하고 벗어나도록 도와주는 것이 필요하다.

4. TV, 컴퓨터와 학습문제

부모들과 상담을 해보며 가장 많이 등장하는 주제는 컴퓨터와 TV이다.

이 물건들은 우리 삶에 매우 밀접하게 붙어 있기 때문에 어른 아이 할 것 없이 필수적으로 함께 생활을 하고 있다.

문제는 사용범위와 시간인데 너무 많은 시간 사용하고, 너무 자주 사용하고, 너무 이것만 사용하기 때문에 여러 가지 문제를 가져오게 된다.

컴퓨터는 유아들조차도 좋아하는데 그 이유는 만화와 게임을 할 수 있어서 아이들의 관심을 끌기에 충분하다. 아이들은 컴퓨터의 용도를 "게임"으로 인지하고 성장한다.

TV 역시도 장시간 동안 넋을 놓고 들여다보는 경우가 많고 일어나면 TV부터 켜고, 밥 먹으면서도 보고, 아무도 보고 있지 않은데 TV는 혼자 떠들고 있는 경우도 종종 발생된다.

아이들과 부모사이에 갈등을 일으키는 중요한 요소중 한가지가 바로 이 두 가지 물건으로 인한 경우가 많다. 어떻게 관리하는 것이 좋을까?

첫째, 가급적이면 아이들이 있는 곳에서는 TV, 컴퓨터를 사용하지 않기

특히, 유아시절부터 아이들이 잠을 자거나 놀이를 하는데 부모님이 곁에서 TV를 보거나 컴퓨터를 계속 하는 것은 매우 바람직하지 못하다.

자는 아이들에게는 숙면을 방해하고 전자파의 유해성을 온몸에 노출시켜주시는 것과 같기 때문이다.

애들이 어려서 뭘 알겠어! 라는 시각은 주의할 필요가 있다.

임신을 하면 부모는 마음상태, 환경, 음식, 언행을 조심하려고 노력해야한다. 그 이유는 바로 모든 것이 아이에게 음으로 양으로 영향을 주기 때문이다. 그럼에도 정작 아이가 태어난 이후에 유아기에는 아이가 말을 못한다는 이유로 너무 쉽게 편한 데로 생각하는 경향도 존재한다. 아이들은 부모의 모든 행동을 마음으로 습득한다는 사실을 기억할 필요가 있다.

부모가 책을 보거나 음악을 듣고 있으면 아이는 부모 옆에서 책을 만지작거리거나 춤을 추기도 한다. 반면 부모가 TV를 보고 컴퓨터에 푹 빠져있으면 컴퓨터 옆에 서서 같이 보고 있는 습성이 생기게 된다.

둘째, 부모의 휴식시간 마련을 위해 컴퓨터, TV를 허용하지 않아야 한다.

부모들이 편하기 위해서 "가서 컴퓨터 하고 있어"라는 식의 허용은 올바르지 않다. 결국 부모가 편하기 위한 방법이었기에 향후 좋지 않은 습관이 형성될 수 있다. 규칙상 아이가 컴퓨터나 TV를 봐야 하는 시간이면 편하게 보게 해주지만 가능하면 부모 편의를 위해 컴퓨터에 아이를 맡기는 방식은 최소화해야 한다. 이러 저러한 이유로 허용하고 있다가 아이가 성장한 이후에 컴퓨터에서 멀어지게 하려고 전쟁을 벌이는 부모들이 많기 때문이다.

셋째, 정해진 시간(예, 30분)만큼 사용하게 하고 철저히 시간준수 하는 것이 중요하다.

처음부터 지킬 수 있는 시간을 제시하는 것이 필요하다. 고무줄처럼 시간이 늘어지면 안된다. 엄마가 별 말 없으면 "더 해도 되는구나"라

는 좋지 않은 습성이 생길 수 있고, 원칙 없는 부모에 아이들이 혼란을 느끼게 될 수 있다.

넷째, 단순히 못하게 하는 통제의 개념이 아닌 앞으로 잘 운영하기 위한 "자율성" 개념을 키워주기 위한 과정으로 접근해야 한다.

어린 시절부터 무조건 사용하지 못하게 통제하는 것이 목표가 아니라 자신의 행동을 통제하는 자율성을 기르기 위한 교육의 개념으로 접근해야 무난하게 컴퓨터와 TV를 활용하는 성인으로 성장하게 된다.

5. 노력은 열심히 하는데 별 효과가 없는 아이

상담을 하고 그 분석내용에 따라 열심히 노력하는데도 아이가 쉽게 변하지 않거나, 여러 가지 어려움이 따르는 경우 많은 부모님들은 이런 의문점을 가지게 된다. "왜 상담을 받는데 아이가 안 바뀌는 걸까요?"

대답은 **"당연히 잘 안 바뀝니다.", "그래서 혼신의 노력을 하셔야 합니다"**라고 말할 수 밖에 없다.

이미 부모-자식 간에 어떤 문제점이 발생하고, 어려움이 생겨 힘들어 하다가 상담을 통해서 열심히 노력한다고 해도 그동안 해온 스타일에 대한 익숙함과 세월의 무게가 있기 때문에 변화는 쉽게 찾아오지 않는다.

다만, 아동상담의 경우 성인상담보다는 월등히 빠르고 효과적으로 변화할 수 있는 장점이 있다.(단, 부모가 적극적으로 상담에 임하는 경우)

아이들은 아직 심리적인 층이 두껍지 않기 때문에 자신들을 힘들게 하는 요소들이 없어지거나 바뀌면 쉽게 변화하는 특징이 있다.

상담을 통해서 어떤 해결방안을 찾았다 하더라도 일정한 시간과 혼신의 노력이 있어야 만이 진정한 변화와 해결이 가능하게 된다. 많은 사람들은 적당히 노력하거나, 힘들지 않으면서 좋지 않은 습관은 빠르게 변화하기를 기대한다. 문제점을 지닌 나의 스타일은 그대로 유지하면서 별 고통 없이 시원한 감정만 가지기를 바라는 심리라고도 할 수 있다.

마치 살을 빼려고 운동을 시작해서 2 ~3일 운동해보고 "왜 이렇게 살이 잘 안 빠집니까?"라고 물어보는 것과 같은 개념이다. 먹는 습관, 규칙적 운동, 끊임없는 노력이 수반되어야 살이 빠지게 되며, 이것이 습관이 되고, 익숙해지고 일정한 수준에 올라서야 탄력이 붙고 원하던 바를 얻게 된다고 할 수 있다.

아이의 심리적 특성, 부모-자식 간 어떤 상호작용을 하는지 분석해보고, 그에 따른 노력이 따라주어야 변화가 올 수 있다.

부모가 바뀌면 또는 바뀌는 것의 중요성을 인식하고 노력하게 되면서 아이 역시 변화하려는 노력을 하게 된다.

*** 학원가야할지, 상담 받아야 할지 고민하는 부모에게..**

"학원가는 것 때문에 상담받을 시간이 없네요…!!"라고 말하는 부모를 만나게 된다. 중요성 측면에서 보면 이 부모에게는 학원가는 것이 상담을 받는 것 보다 중요하다는 입장이라 할 수 있다. 상담을 받아도 솔직히 뭐가 좋아질 것인지 잘 모르기 때문이기도 하며 나중에, 시간이 나면 그때 가서 생각해 보겠다는 입장이라 볼 수 있다. 이 경우 자리에 오래 앉아 있어도 학습의 효과를 기대하기는 어렵다.

학원가는 시간, 공부하는 시간을 좀 줄이더라도 반드시 학습상담을 받아보는 것이 필요하다. 몇 시간 공부한 것 보다 훨씬 더 좋은 학습향상 효과를 얻을 수 있게 된다.

코칭을 통해 변화하는 경우 "새싹"이 올라오는 새로운 시작이라 보아야 한다.

6. 알고 생기는 부적응, 모르고 생기는 부적응

가. 알고생기는 부적응

알고생기는 부적응이란 무엇일까? 어린시절부터 부모가 시키는 공부, 학원에 가기 싫어하고 여러 면에서 부모와 갈등을 일으키며 어느 날부터인가 좋지 않은 습관, 산만함, 집중못함, 거친언어, 폭력성 등을 보이게 되는 경우처럼 성장하는 과정에서 아이의 부적응 현상이 발견되는 경우이다. 부모, 가족 등이 모두 아이에게 나타나는 현상에 대해 알고 있고 치료를 위해 정신과 상담연구소, 두뇌학습클리닉 등에 다니는 경우이다. 이미 성장단계에서 부적응 또는 문제점을 인지하고 여러 가지 치료적인 노력을 계속해오고 있기도 하다. 자신에게 문제가 있는 것을 즉, 알고 있으면서도 증상, 부적응이 커지고 있는 것이다.

나. 모르고 생기는 부적응

알고 생기는 부적응에 비해 모르고 생기는 부적응은 발견, 진단, 인정하는 것이 어려운 경우가 있다. 예를 들어 부모가 어려운 여건에서도 아이에게 최선을 다하고 아이역시 자신에게 정성을 기울이는 부모에게 효도하기 위해 최선을 다해 생활한다. 부모-자녀관계는 비교적 원만하고 별다른 문제없이 미래를 향해 열심히 생활한다. 그러나 언제부터인가 아이에게 강박적 사고가 생기고 대인관계에서 상대방에게 과도하게 매달리며 자신감이 없어하고 단체생활에 적응을 하지 못하기도 한다. 자꾸 답답하고 힘들다는 생각, 잠들면 눈을 안뜨고 싶다는 생각이 들기도 한다. 그러나 자신을 위해 최선을 다해 주신 부모님이 걸려서 그렇게 하지도 못한다. 별다른 문제가 없는데도 이상하게 답답하고 힘이 든다는 느낌이 든다. 삶이 별로 만족스럽지 못하고 내가 어떤 존재인지 혼란스럽기도 하다.

모르고 생기는 부적응은 이렇게 부모-자녀관계가 좋고 서로 최선을 다하는데도 불구하고 발생되는 부적응을 말한다. 이러한 경우는 쉽게 파악되기가 어렵다. 겉으로는 별 문제가 없기 때문이다. 위에서 제시한 사례의 경우 성인이 다되어서야 드러나기 시작한 경우이다. 발견도 어렵고 쉽게 인정하기도 어렵다. 그러나 결과적으로 보면 이 아이의 인생전체가 혼란스럽게 되어 버린 것이다.

부모가 현명하게 길 안내를 해주는 것이 중요하다고 강조하는 이유가 여기에 있다. 그러기 위해서는 부모가 먼저 자신에 대해 현명한 길 안내자 로서의 자격과 자질을 갖추어야 한다. 그것이 바로 아이에게 가장 좋은 교육을 하는 첫걸음이 되는 것이다.

7. 우리 아이가 심각하다고 여겨질 때 어떻게 할까?

아이가 학습에 집중을 못하고 산만하다며 연구소에 찾아오는 부모들이 있다. 정신과, 00 학습클리닉, 00상담연구소에 이미 다녀봤다며 자신의 아이가 아무래도 뇌에 문제가 있는게 아니냐는 질문부터 한다.

어느 때는 부모가 너무 앞서서 자가 진단을 하는 바람에 불필요하게 정신과 약을 먹는 아이가 있고, 이곳 저곳 상담연구소에 자주 다니게 되고 그래서 처음부터 지쳐버리게 되는 경우가 있다. 이러한 아이들을 상담장면에서 마주하게 되면 "여기도 비슷한 질문부터 하겠지"라는 인식부터 갖게 되고 지친 표정도 보이게 된다.

이와 반대로 부모가 너무 무관심해서 "사춘기라서 그럴꺼야"라는 식의 인식으로 그냥 놔두고 상대가 심해져서야 오는 경우이다.

너무 잘 알아도 문제고, 몰라도 문제이다.

"아는 것이 힘이다"
"모르는게 약이다"
"아는게 병이다"라는 속담이 있다.

뭐가 맞는 말인지 혼란스럽기도 하다. "적절하다"라는 말의 의미도 각자 사람마다 다르게 해석하고 있기 때문에 그 경계선도 애매하다.

그러나 학습코칭, 학습상담에서는 약을 먼저 복용하기 보다는 학습상담, 가족상담을 통해 먼저 해결해 보기를 권한다. 앞서 우리가 알아본 대로 어떤 부적응 행동에는 그만한 원인이 반드시 존재한다. 그러므로 천천히 짚어보고 찾아보면 다 나오게 되어 있다. 부모가 기다리

지 못하고, '빨리 바뀌기만 해라'라는 조급한 마음을 갖다보니 현명한 방법을 찾지 못하고 해결방안을 옆에 두고도 못 보는 안타까운 일이 벌어지기도 한다.

우선 의학적으로 아이에게 문제가 없는지 점검해 보고, 별다른 소견이 없는 경우 심리적인 치료작업을 병행하는 것이 중요하다. 좀더 잘 되고 발전하기 위해 코칭, 상담을 하는 것이라는 인식으로 접근하는 것이 바람직하겠다.

해결 방법과 길은 있다. 우리가 침착하게만 찾아본다면…

운동을 가르치려면 내가 먼저 그 운동을 배워야 한다.
훈련/시합 중에 어떤 점이 힘들고, 생각처럼 안 되는지, 코치의 어떤 면이 불합리하게 느껴지는지 등에 대해 체험과 깨달음이 있어야 가르칠 수 있다
코칭도 마찬가지이다. 나를 먼저 깨닫고, 변화하는 것이 선행되어야 한다.
그래야 효과적이고 실질적인 "코칭" 이 가능해진다.

8. 아동 부적응(이상행동, 특정행동) 현상에 대한 올바른 관점

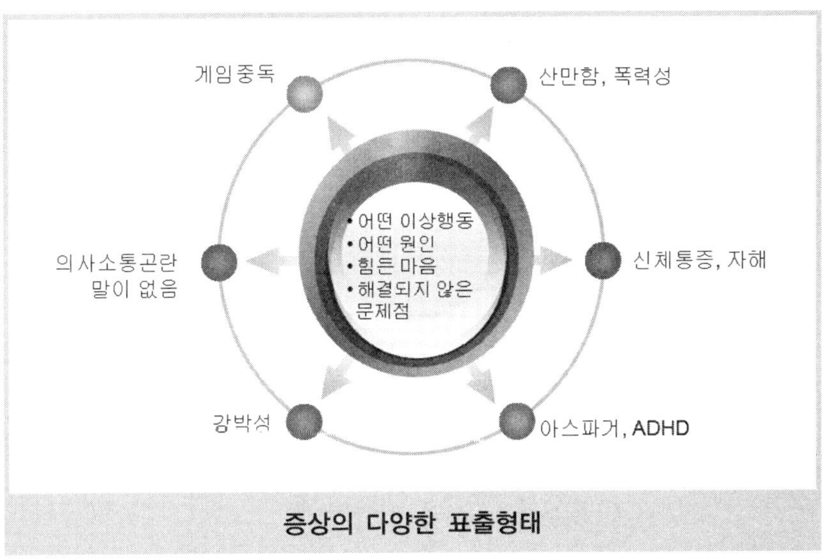

증상의 다양한 표출형태

1. 개인별로 다양한 증상으로 나타날 수 있다.

2. 어떤 아이에게는 강박성으로, 어떤 아이에게는 폭력성으로, 어떤 아이에게는 산만함으로 나타나게 된다.

3. 아이들은 자신에게 어떤 힘든 마음, 해결되지 않은 문제점, 원인이 있으면 위와 같은 다양한 증상으로 표출되게 된다.

4. 비슷한 또는 동일한 원인이라고 해도 아이들은 받아들이는 형태가 다르고 해석에 차이가 있다.

5. 한 가족에서 자란 형제라 하더라도 강박, 폭력, 집착, 우울, 대인기피, 게임몰입, 산만함 등 여러 가지 형태로 표출되게 된다.

6. 아이에게 어떤 특정행동, 이상행동이 발생되는 경우 분명 원인이 존재하고 그러한 원인이 여러 가지 행동으로 이어진다는 시각을 갖추어야 한다.

9. 아동들의 특정행동(문제)에는 어떤 원인이 존재한다

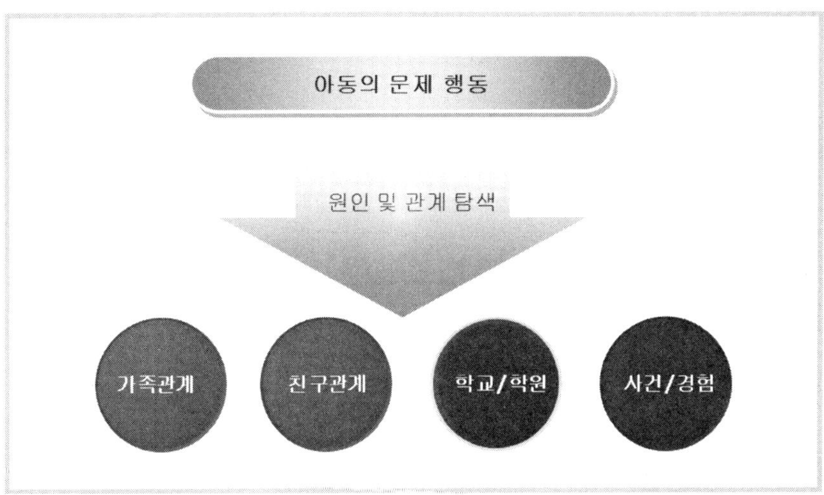

위에서 보듯이 아동이 어떤 문제행동을 하는 경우 거기에는 어떤 원인이 존재한다고 보는 것이 올바른 시각이다. 즉, 그냥 문제행동이 나오는 것이 아니라 그 내면에는 반드시 그 행동을 불러일으키고 촉진을 시키는 원인이 있다는 것이다.

아이가 문제행동, 부적응 행동, 따돌림을 당하는 경우 다음과 같은 개념으로 점검해 보아야 한다.

첫째, 의학적인 문제가 아닌지 점검해야 한다.

아이가 문제행동을 지닌 경우 기질적인 문제여부를 먼저 점검해 본다.

둘째, 누군가의 책임인지 확인하는데 집중하자는 의미가 아니다.

자칫 탓하는 것으로 시간을 보낼 수 있기 때문이다.

셋째, 아이의 문제행동에는 주변관계에서 오는 경우가 많기 때문에 현재 주변과 어떤 역동관계를 형성하고 있는지 점검해 보아야 한다.

넷째, 여러가지 원인이 합쳐져서 아이의 행동으로 나온다는 사실을 받아들이는 것이 중요하다.

다섯째, 이러한 관계에서 부모는 어떤 반응과 역할을 하고 있는지를 점검해 보아야 한다.

아이는 성장하면서 불가피하게 어려움을 겪을 수 있다. 이때 부모가 어떤 역할과 반응을 보이는 가에 따라 아이는 부적응현상을 보이기도 하고 잘 극복하여 자신의 정체성을 찾기도 하는 갈림길에 설 수 있기 때문에 위와 같은 내용을 점검하고 받아들이는 것이 필요하다.

10. 아이 행동에 대한 적절한 해석과 대처방식

학습장애, 폭력성, 산만함
왕따, 의사소통곤란, 불면 등
아이의 문제행동

지금까지 살펴본 것처럼 위와 같은 증상이 아이에게 발생된 경우 우리는 두가지 방향으로 해석하고 대처하는 형태를 띄게 된다.

◎ 보통의 방식(문제를 가져오는 방식)

① 우리 아이에게 문제가 있느냐, 없느냐를 밝히는데 관심을 집중함
② ADHD 인지 아닌지 계속 확인해보거나 잠정적으로 ADHD라고 자가 진단을 해버리고 그렇게 아이를 취급하는 경우
③ "쟤는 좀 이상한 것 같애" 라는 시각
④ "왜 저렇지? 짜증나 죽겠네" 라는 시각
⑤ "몇 번 이야기해도 똑같잖아 힘들어" 라는 시각

◎ 현명한 대처방식(문제를 가져오는 방식)

① "저렇게 행동하는 데에는 어떤 원인이 분명 있을거야" 라는 시각
② "이건 우리아이 미래를 위해 반드시 해결해야 되는 문제이구나"

라는 시각

③ "내가 도와줘야 하는 문제구나" 라는 시각

④ "짜증낼일이 아니라 해결해줘야 하는 문제구나" 라는 시각

⑤ "우리 아이를 도와줄 수 있는 사람은 부모인 나밖에 없구나" 라는 시각

우리부모들은 보통의 방식으로 아이들의 행동을 이해하고 대처하는 방식을 택하고 있다. 그러다 보니 여러 가지 어려움이 있을 수 밖에 없다. 두 번째 제시된 현명한 방식에는 "부모의 마음가짐"이 담겨져 있다. 아이를 바라보는 부모의 자세와 태도가 바뀌면 많은 곳에서 변화가 올 수 있는 원리를 제시한 것이다. 이 부분이 바뀌어야 실천이 가능해질 수 있다.

제5장 학습 심리검사와 코칭

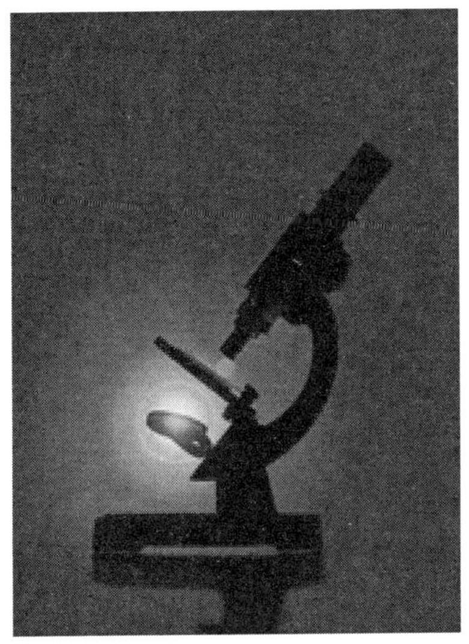

1. 심리검사 종류와 올바른 이해

심리검사는 최근 임상심리학과 컴퓨터의 발달로 다양하고 많은 종류가 존재한다. 학교, 학원등에서도 성격유형, 학습심리, 진로발달에 관한 검사를 실시하고 있기도 하다. 일반인들도 알아보기 쉽게 결과가 해석되어 나오기 때문에 별다른 어려움 없이 심리검사 결과를 알 수 있다.

아쉬운 점은 심리검사 결과에 대해 실제 상담을 통해 학생의 이야기를 함께 종합적으로 평가하는 시스템이 약하다는 점이다. 이로인해 많은 학부모와 학생들은 자신이 무슨 검사를 실시했는지 조차 기억을 못하거나 결과를 기억하지 못하는 경우를 자주 접하게 된다.

심리검사를 실시하는 목적은 심리검사가 평소 내 스타일을 잘 맞추는지 여부를 알기 위함이 아니라 나에게 어떤 특성이 있고 어떤 부분을 보완해야 하며 이를 통해 앞으로 어떻게 학습습관을 형성하고 학부모는 어떤 지원을 해주어야 하는지 기준을 삼는 것이라 할 수 있다.

가. 자기보고 형식 심리검사 – MBTI, MMPI, 학습전략검사 등

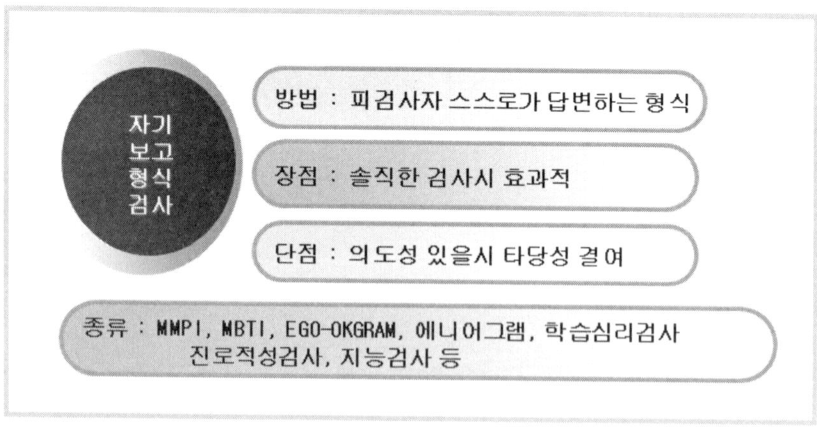

가 - 1 심리검사의 요건

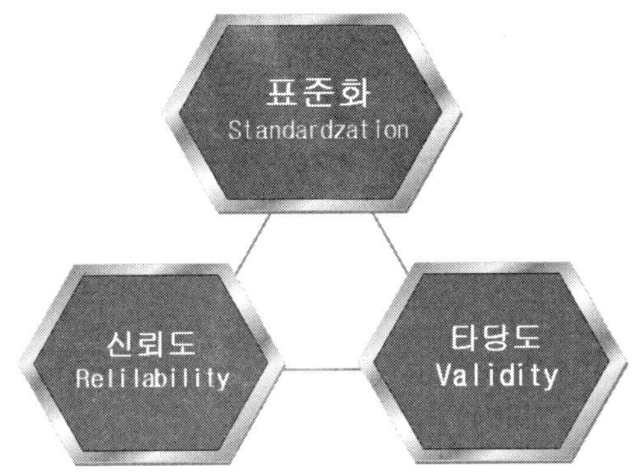

표준화(Standardization)

절차, 조건, 평가방법의 일관성

동일한 환경조건

기준의 선정 : 평균특성 산출 및 비교

신뢰도(Relilability)

측정도구의 정확성/ 정밀성

검사 - 재검사법, 6개월간격

검사유형, 측정특성, 안정성에 따라 차이

타당도(Validity)

얼마나 잘 측정하고 있는가

무엇이 측정되고 있는가

예) 불안검사는 단지 불안만 측정해야 한다

심리검사의 요건은 표준화, 타당도, 신뢰도가 확보되어야 한다.

이러한 요소들이 충족되어야 심리검사 의미가 있다.

요즘은 인터넷공간에서 학습심리검사가 가능하므로 가정에서 검사를 할 때는 몇가지 주의를 해야 한다.

첫째, 아이 정서상태가 평온할 때 할 것

둘째, 화, 불안, 우울한 경우는 검사를 하지 않기

셋째, 한가지 검사에 평균 40분 정도가 소요되므로 검사를 한꺼번에 여러 가지를 연결해서 하지 않도록 주의(집중도 저하, 부담감등)

넷째, 부모의 의견이 검사에 반영되지 않도록 주의

예 너 그 정도는 아니잖아… 너 그렇게 하는 거 좋아하잖아… 등

다섯째, 2~ 3가지 검사를 동시에 하는 경우 중간에 쉬는 시간을 부여하여 검사에 대한 부담을 줄여 주어야 한다.

여섯째, 조용하고 집중할 수 있는 환경조성이 필요.

지능검사(Wechsler)

지능검사는 주로 아이들의 머리가 좋으냐, 나쁘냐를 판단하는 것으로 인식하는 부모들이 있다. 그러나 지능검사는 앞의 그림에서 보듯이 학습능력 뿐만 아니라 환경, 상황에 대처하는 종합적인 판단능력을 측정하는 것이라 인식하는 것이 바람직하다. 물론 검사의 종류에 따라 측정하는 내용에 다소 차이가 있지만 지능검사를 머리 좋은지 여부를 따지는 것으로 인식하는 것은 바람직스럽지 못하다.

Wechsler 지능검사는 여러 연령대상으로 언어성, 동작성 검사를 의미하며 1939년 정신박약, 문맹자 지능측정을 위한 검사로 개발되었다.

- WPPSI(Wechsler Preschool Scale of Intelligence) : 4~6세
- WISC(Wechsler Intelligence Scale for Children) : 7~16세
- WAIS(Wechsler Adult Intelligence Scale) : 성인용

자기보고 형식의 검사는 스스로가 질문에 답변하는 형태를 띈다.

주로 성격유형검사, 학습심리검사 등이 여기에 해당된다. 내담자가 성실히 자신에 대해 답변을 하는 경우 신뢰성이 있지만, 직장인에게

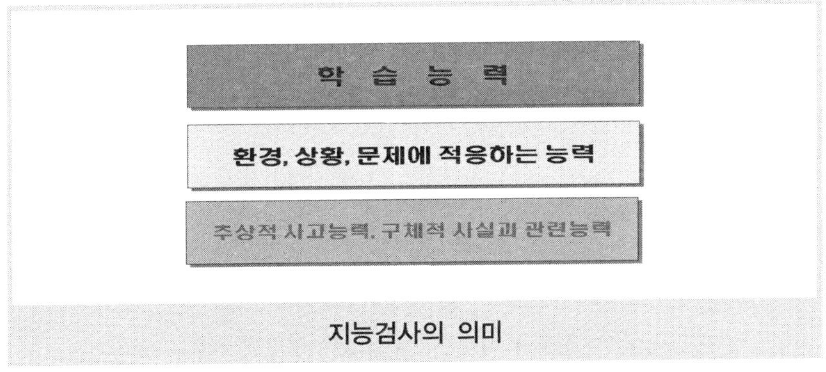

지능검사의 의미

인사고과 반영 또는 부모가 결과를 보고 화를 낼까봐 아동이 좋은 답변만 골라서 하는 경우 타당성이 결여되는 단점이 있다.

어린이 청소년 성격유형검사 MMTIC

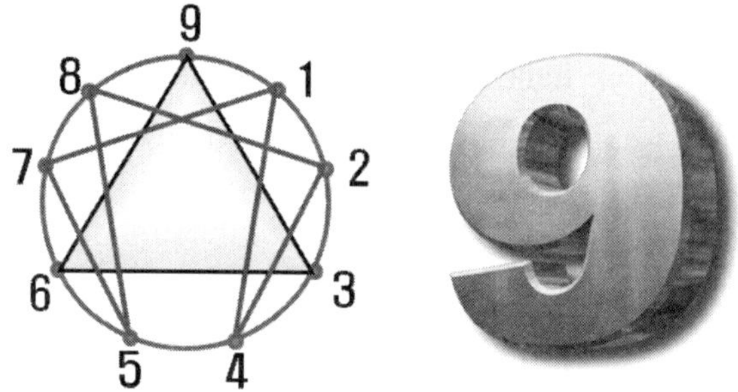

인간의 성격을 9가지 특성으로 구분한 에니어 그램

ISTJ	ISFJ	INFJ	INTJ
ISTP	ISFP	INFP	INTP
ESTP	ESTP	ENFP	ENTP
ESTJ	ESFJ	ENFJ	ENTJ

인간의 성격을 16가지 유형으로 구분한 MBTI

◎ MBTI 검사의 의미

Myers- Briggs Type Indicator

Carl Gustav Jung 의 심리학적 유형이론에 근거를 둔 검사기법

인간의 행동은 제멋대로이고 예측이 힘들어 보이지만 사실은 매우 질서정연하고 일관성, 특징적 경향으로 나뉘어져 있음을 강조하는 검사기법.

심리적 유형을 에너지의 방향과 받아들이는 방식에 따라 16가지 유형으로 구분하여 상호간에 역동관계를 파악하는 검사이다.

- 외향적 태도(E) - 내향적 태도(I) : 에너지의 방향, 주의초점
- 감 각(S) - 직 관 (N) : 정보수집(인식)
- 사 고(T) - 감 정(F) : 판단과 결정
- 판 단(J) - 인 식(P) : 이해양식(생활)

◎ MMPI 검사의 의미

1. Minnesota Multi - Phasic Personality Inventory : MMPI
   (미네소타 다면적 성격검사)
2. 1940년 등장, 566개 문항, 개인 및 집단대상
   386문항으로 된 간편양식지도 사용하고 있음
3. 다양한 성격 특성진단
4. 14개의 척도중, 4개는 타당성검사, 10개는 임상척도
5. 초등 6학년 이상의 지능이 필요
6. 주의사항 : 무정보 해석금지, 피검자에 대한 가설을 제공하는 수준으로 이해하는 것이 필요
7. 전체 집단 예언율 : 56%
   * 면담 및 다른 검사를 종합한 통합적인 해석이 중요

나. 투사법 심리검사 - 로샤크, 문장완성, 주제통각검사

방법 : 애매모호한 자극을 보고 답변

장점 : 피검자의 내면상태 진단에 효과적
피검자의 깊은 부분을 알 수 있음

단점 : 전문가의 해석과 상담이 필요
해석과 상담시 주의가 필요

종류 : 문장완성검사, 주제통각검사(TAT), Rorschach검사,
HTP, 심상치료 등

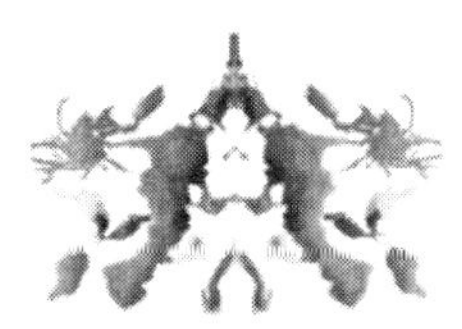

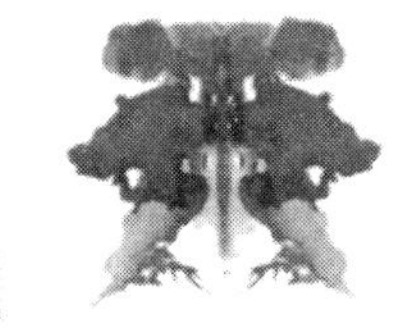

로샤크 검사

TAT 주제통각검사

나이든 여인과 젊은 남자가 서 있는데, 여인은 남자와 등을 돌리고 서 창문을 바라보고 있고 남자는 침울한 표정으로 밑을 내려다 보고 있다

HTP 검사의 의미

House, Tree, Person

누구에게나 친숙한 대상/ 상징성의 표상

그림으로 피검자의 '마음' 을 파악

- 집 : 가정 및 가족간의 관계 반영
- 나무/ 사람 : 핵심적 갈등 및 방어 정보 제공
  '사람' 그림은 의식적 측면,
  '나무' 그림은 무의식적 감정 반영

TAT(Thematic Apperception Test) : 주제통각검사

전세계적으로 대표적 투사검사 방법

'다양한 **대인관계의 역동적 측면** 파악'

* 인물들이 등장하는 모호한 그림자극 제시 – 이야기 구성하도록 유도

1. 개인의 과거경험, 상상, 욕구, 갈등이 투사됨

2. 성격 특징, 발달배경, 환경에 대한 상호작용 유형 등을 파악.

◎ SCT(Sentence Completion Test) : 문장완성검사

* 나는 학교에 가려고 하면 ______________________
* 엄마와 대화를 하려고 하면 ____________________
* 만약 내가 동물이 된다면 _____________ 가 되고 싶다.
  그 이유는 ____________________________이다.

투사법은 말 그대로 들여다본다는 의미이다. 이러한 방법은 내담자의 깊은 마음까지 알 수 있는 특징이 있으며 자신의 문제에 대해 잘 알지 못하는 내담자나 좋게만 보이려고 하고 자신의 모습을 감추려고 하는 내담자를 좀 더 효과적으로 파악할 수 있는 심리검사 기법이라 할 수 있다.

그러나 이 기법은 전문적으로 훈련받은 전문가의 해석이 필요하며 다음과 같은 심리적 특성으로 인해 주의가 필요하다.

* 왜곡성, 은유성, 상징성

인간 내면은 자신의 모습을 정확히 보여주지 않으려 하는 왜곡성과 은유적으로 묘사하는 특성, 때로는 상징적으로 보여주는 특성이 있다.

그러므로 투사법은 전문적인 해석과 적용이 필요하다고 할 수 있다.

학생에게 문장완성검사를 권하는 경우 자신의 생활이 깊게 나오는 것을 느끼고 "잘 모르겠다"며 대충기록하거나 불성실하게 검사에 응할 수 있다. 이러한 모습 전체가 심리검사 측면에서는 의미가 있다고 할 수 있다.

2. 학습심리검사에 대한 이해

가. 학습심리검사에 대한 이해

1) 주요측정내용

학습자의 정서(우울, 불안, 짜증) 와 학습자의 성향, 동기적요인, 집중도, 학업준비, 성격적 특성, 수업태도, 효능감, 경쟁동기, 노트필기 등을 측정/분석하여 현재 학습자에 대한 상태진단과 앞으로 학습시 참고자료를 제공한다.

2) 학습유형검사, 학습전략검사 등 다양한 종류의 검사가 있다.

3) 대상연령 : 통상 초등 4학년 - 고등학생 까지 가능
   * 대상연령은 검사지 성격에 따라 다소 차이가 있을 수 있다.

학습심리검사는 학생의 심리적 특성과 학습형태, 노트, 시간관리, 집중도, 수업태도 등에 대해 전반적으로 측정할 수 있는 장점이 있다. 그러나 이 부분 역시 학생과 직접 상담을 통해 실제 생활에 대한 이야기를 듣고 학습심리검사와 통합적으로 분석하는 것이 바람직하다.

저학년 과정에서는 학습심리검사 보다는 문장완성검사, 성격유형검사, 그림검사 등 투사법 활용이 유용할 수 있다. 그 이유는 아직 아이들의 의사표현 능력이 제한 받거나 아직 체계적으로 형성 되지 못하고 유동적인 부분이 많기 때문이다. 아이마다 특성에 따라 많은 편차가 있지만 일반적인 검사들은 아이들이 조금 성장하고 체계가 잡혀가는 초등학교 4학년 정도가 되어야 검사의 신뢰성을 확보할 수 있다. 물론 이시기에 아동은 끊임없이 변화하기 때문에 한두가지 검사보다는 심리검사와 상담을 병행하는 것이 병행되어야 한다.

3. 진로검사와 학습코칭 – 하고 싶은 것, 할 수 있는 것

진로검사는 아동들의 진로에 대한 희망과 자신의 성격과의 관계에서 적합한 분야를 탐색해 보는 것이다. 진로검사는 진로발달, 진로탐색, 진로성숙도에 대해 검사를 한다. 검사결과가 적성과 잘 부합되는 경우 올바른 직업선택이라 할 수 있으며 향후 그 일을 할 때 만족도가 높게 형성되어 인생에 대한 행복도 역시 올라 갈 수 있다.

예를 들어 의사가 되고 싶은 아이에게 이유를 물어보면

- 돈을 잘버니까
- 부모님이 가라고 하니까
- 집안식구들을 고쳐줄 수 있으니까
- 멋있으니끼
- 존경받으니까

라는 식의 이유를 가지고 있는 경우 이 아이의 평소 잘하는 분야, 특성을 탐색해 보면

- 한곳에 오래 앉아 있는 것을 싫어하고
- 사람들 만나는 것을 좋아하지 않고
- 혼자 있는 것이 좋으며
- 자유롭게 돌아다니는 것을 좋아한다.

는 내용이 나온다면 이아이의 경우 선호하는 것과 자신이 할 수 있는 것에 많은 차이가 있다고 할 수 있다. 직업에 대한 만족도, 생활에 대

한 만족도가 떨어 질 수 있는 것이다.

진로지도를 할 때 검사결과를 토대로 대상 아동의 특성을 함께 파악하고 인도하는 것이 중요하다. 아이들은 자신들의 희망이 곧 진로와 부합된다고 여기고 있기 때문에 구분을 지어 주는 것이 중요하다.

4. 검사 결과에 대한 분석과 주의할 점

심리검사에 대한 결과는 검사 결과지에 자세히 설명이 되어 있지만 학생의 평소 생활과 연관성 및 차이점에 대한 분석이 필요하다.

첫째, 검사결과가 평소 학생이 보이는 모습과 유사한지 여부
둘째, 검사에 대한 학생의 태도와 자세, 입장
(하기 싫은데 억지로 한 것인지, 화가 난 상태에서 대충한건지 등)
셋째, 검사결과에 대한 부모의 입장과 태도
넷째, 차이가 있는 경우 이유에 대한 탐색
다섯째, 검사를 하는 환경이 적절했는지 여부
혹시, 산만하거나 불안정한 상태에서 검사를 진행했는지 여부 등
여섯째, 한꺼번에 여러가지 검사를 동시에 진행했는지 여부
일곱째, 한가지 검사에 평균 30 - 40분 정도의 시간적 여유가 있었는지 여부
여덟째, 과거 유사한 분야의 검사를 시행했는지 여부, 그리고 그 검사에 대해 어떻게 받아들이고 현재 기억을 하고 있는지 여부

심리검사는 학습자에 대한 정보를 제공받는 기능으로 이해해야 한다

- 심리검사 결과를 가지고 학습자 전체를 이해하려고 해서는 안된다.
- 심리검사는 상담, 학습코칭 장면에서 이루어지는 진단영역의 한 부분으로 보아야 한다. 학생에 대한 정보를 얻는 기능으로 이해하

는 것이 올바르다

- 건강진단할 때 혈압검사 한가지로 그 사람의 건강상태를 판단하지 않듯이 심리검사는 내담자의 어떤 일정 부분에 대한 정보를 제공하는 기능으로 보아야 한다.

- 여러 가지 심리검사를 실시하고, 실제 상담에서 나타나는 여러 가지 학생의 특성을 통합적으로 정리/ 진단하는 것이 올바른 자세이다.

- 심리검사결과만 가지고 학생을 이해하려고 하면 자칫 오류에 빠질 확률이 높아지며 학생의 강점, 약점에 대해 깊게 이해하지 못하고, 몇 가지만 가지고 코칭을 하게 되므로 깊이 있거나 충실한 상담이 이루어지기가 어렵게 될 수 있다.

이런 개념에서 본다면 우리 모두는 인간의 마음을 좀더 간편히, 정확히 알고자 하는 욕구를 지니고 있다고 볼 수 있다. 그러나 꼭 알아야 할 점은 심리검사는 우리 인간의 어떤 일정영역을 알 수 있게 해주는 도구이고, 방법이지만 인간전체를 이해하는 데는 매우 제한적이며 조심스러워야 한다는 점이다.

실제 학습상담을 진행해 보면 심리검사에서 전혀 측정되지 못했거나 심리검사로는 알 수 없는 영역들을 자주 만나게 된다. 심리검사는 분명 우리에게 많은 정보를 제공하고, 상담에서 중요한 역할을 하지만 우리 인간 마음의 일부분만 '예측' 할 수 있다는 사실 또한 잊어서는 안된다.

학생에 대해 일차적인 정보수집 수준으로 심리검사 영역을 사용할

수 있으며 자녀들에 대한 궁금증으로 인해 심리검사를 요구하는 부모들을 자주 만나게 된다.

중요한 점은 심리검사를 상담장면에서 사용하게 되면 반드시 '참고자료' 학생에 대한 '정보제공' 자료 정도로 사용해야 한다는 점이다.

코치 스스로가 심리검사 결과와 상담 장면에서 나온 내용을 종합하여 '통합적 평가'를 하는 것이 중요하다. 상담에서 내담자 스스로가 말한 문제를 스스로 뒤집는 경우에서 보듯이 우리 인간의 마음은 그 깊이와 내용을 진단하기에는 많은 변수와 어려움이 존재하기 때문에 상담자, 내담자는 항상 신중하고, 조심스럽고, 침착하게 평가하고, 언제든지 그 평가를 수정할 수 있는 다양성을 인정하는 자세가 요구된다고 할 수 있다.

예를 들어 MBTI 유형중 ISTJ 유형의 특성으로 언급된 내용과 실제 생활특성에 있어서 ISTJ 유형의 범주로는 모두 설명하기가 어려울 수 있다.

몇가지 결과와 내용을 가지고 그 사람 전체를 이해하려는 오류를 범해서는 안된다.

3부 효과적인 학습코칭 전략

제6장 학습관리전략

1. 시간관리 전략 – 학습계획 수립

가. 나의 시간도둑 찾기

* 나만의 시간도둑은?

* 왜 그럴까? (왜 시간도둑을 허용하는 것일까?)

* 해결책은?

아래 그림과 같은 방식으로 현재 나의 시간관리 실태를 점검해 보는 것이 필요하다. 하루 가용한 시간중에 내가 어느 부분에 집중되어 있는 지를 확인하여 시간관리전략을 수립하는 것이 필요하다.

중요한것은
시간표에 따라 우선순위를 정하는 것이 아니라, 우선해야할 일에 따라 시간표를 세우는 것이다.

활 동	○ 요 일		○ 요 일	
	소 요 시 간	비 율(%)	소 요 시 간	비 율(%)
가사돕기	4	17	2	8.3
친구와 전화하기	6	25	4	17
종교활동	0	0	0	0
운동	0	0	0	0
휴식	3	13	1	4.1
빈둥거림	1	4.1	1	4.1
밀린 숙제 처리	0	0	0	0
수면	6	25	7	29.1
TV, 컴퓨터	2	8.3	2	8.3
정기적 취미활동	0	0	0	0
핸드폰오락 등	1	0	0	0
의식주	2	8.3	2	8.3
가족행사	0	0	5	21

나의 시간관리 실태 점검하기

나. 자투리 시간활용하기

*** 나의 자투리 시간은?**

(쉬는 시간, 등하교시간, 학원가는 시간, 하교 후 집에서 보내는 시간 등)

*** 활용할 수 있는 자투리 시간 기록해 보기**

예 쉬는시간 : 하루 6교시 6번 휴식 × 10분 = 60분

1교시 시작 전 15분

총 가용 쉬는 시간 75분

점심시간 : 60분 중 식사 시간 및 휴식 40분 사용

20분 활용가능

다. 시간사용계획 세우기

*** 매일 학습 과목 계획표 작성 – 적절한 선행학습은?**

(수준별, 맞춤학습을 위한 노력)

매일 매일 실행하는 학습이 중요하다는 것을 알고 있지만 학교, 학원을 다녀오고 집에 돌아오면 시간을 활용하기가 쉽지 않은 현실이다. 과목은 많고 숙제도 해야 하고, 안쓰럽기도 하고, 그렇다고 쉬라고 할 수도 없고 부모의 고민은 깊을 수 밖에 없다. 이런 경우 어떻게 하

는 것이 좋을까?

수학은 매일 학습이 필요하고, 국어는 주 4일, 사회는 2일, 과학은 2일 정도로 배치하는 것이 적정하다. 이렇게 매일 학습을 하다가 중간, 기말고사 2주전부터는 기출문제 풀이를 들어가 주는 것이 필요하다. 다만, 사회 또는 과학을 비교적 잘 하는 학생의 경우 주 1일도 무난하다.

각자의 특성에 맞추되 꾸준한 학습이 이루어 지는데 중점을 두어야 한다.

♤ 공식을 제대로 외우지 못한 초등 고학년의 경우

문제만 열심히 풀어서는 안된다. 근본이 흔들리는데 문제를 풀어봐야 효과가 없다. 매일 20분정도는 공식과 관련 원칙을 반복해서 완전히 습득하는 수준으로 끌어올리면서 문제풀이를 병행해 주어야 한다.

공식이 혼란스러운데 문제풀이만 하면 오히려 자신감이 떨어질 수 있다.

이러한 방식은 80 - 90점대를 오르락내리락 하는 학생들의 경우 확실히 90점대이상을 고수할 수 있는 실력으로 이끌어 줄 수 있다.

♤ 사회를 힘들어하는 학생

요즘 초등학생들의 사회는"시사", "경제"관련 용어가 자주 나온다.

평소 이해를 하고 있지 않으면 외워서 되는 내용이 아니기 때문에 시험이 다가온 상태에서는 포기하기 십상이다. 신문을 보면"어린이00"이라고 별도로 지면을 할애하여 제공하고 있는데 이것을 잘 이용하면 많은 도움이 될 수 있다.

주 2일 사회참고서를 공부하면서 또는 매일 한 가지 주제를 정해서

부모가 먼저 읽고 아이에게 읽도록 권한다음 느낀 점, 질문, 생각 등에 대해 대화를 나누어 보는 식으로 자연스럽게 학습을 유도하는 것이 효과적이다.

주말에 외출하는 동안 자연스럽게 차안에서 대화를 나눌 수도 있고, 외부에서 동일한 용어를 접하게 되는 경우 그것에 대해 대화를 유도하는 방식으로 자연스러운 학습을 이끌 수 있다.

이렇게 준비해두면 자연스럽게 시험준비가 이루어지게 된다.

◎ 주간 학습 계획표(예시) ◎

구 분	월	화	수	목	금	토	일
국어	0		0	0	0		
수학	0	0	0	0	0		0
사회		0		0			0
과학		0			0	0	

* 학원이 많아서 주중 학습이 곤란한 경우 주말에 스트레스가 되지 않는 수준에서 편성해보는 것도 필요

주말에는 위 과목 중 부족한 부분을 보충하거나 탄력적으로 운영하면 된다(약한 과목을 위주로 가볍게 1시간 정도로 편성해 보는 것도 필요)

원칙적으로 정해진 주간학습계획표는 준수하는 것을 원칙으로 하되 만약, 아이가 힘들어하거나 컨디션이 안 좋은 날에는 탄력적으로 조정해 주는 것도 필요하다.

2. 노트관리 전략 – 마인드맵 활용

가. 오답노트의 적극적 활용

중, 하위권 학생들은 대부분 공부한 내용중 시험에 출제되었던 문제를 다시 틀리는 잘못을 반복하는 경향이 있다. 그러다 보니 열심히 노력해도 성적에는 큰 변화를 가져오기 어렵다.

단순히 오답노트를 만든다는 개념을 벗어나 "취약부분", "나를 괴롭히는 부분"을 정리한다 생각하고 노트관리작업을 하는 것이 필요하다.

① 오답문제가 발생할 때마다 매일 정리한다.
예를 들어 수학공부시간이 마무리될때쯤 오답노트에 옮겨 적는다. 옮겨 적는 동안 다시한번 문제풀이 방식과 자신의 실수에 대해 확인작업을 하고 공부하는 기회를 얻게 된다.

② 왜 틀렸는지를 분석해서 그 내용을 기록해 둔다.

③ 중간, 기말고사 전 반드시 오답노트를 중심으로 공부 정리작업을 한다. 새로운 문제를 풀기보다는 공부를 했음에도 불구하고 틀릴 가능이 있는 문제를 다시한번 정리해서 다지기를 하는 것이 필요하다.
틀린문제를 다시 틀리는 일이 반복되면 자신감이 없어질 수도 있고 노력에 대한 결과가 약하기 때문에 공부하는데 동기부여가 약해 질 수도 있다.

④ 풀어져 있는 문제를 보는것과 시험지에 출제된 문제를 보는 것은

느낌도 다르고 감각이 다르므로 빈종이 또는 연습장에 새롭게 옮겨 적으면서 다시 한번 풀어 보도록 하는 것이 필요하다.

- 문제 적응력 향상

⑤ 학교, 학원으로 이동하는 동안에도 오답노트를 적극 활용한다.

나. 과목별 개념정리 노트 활용

사회, 수학, 과학 등 공식 또는 주요개념에 대한 정립이 필요한 과목에 대해서는 혼돈하기 쉬운 내용을 중심으로 "개념정립노트"를 별도로 활용하는 것이 효과적이다. 아이들중 상당수가 개념, 공식을 명확히 모르고서 문제풀이를 많이 반복하는 경우가 많기 때문이다.

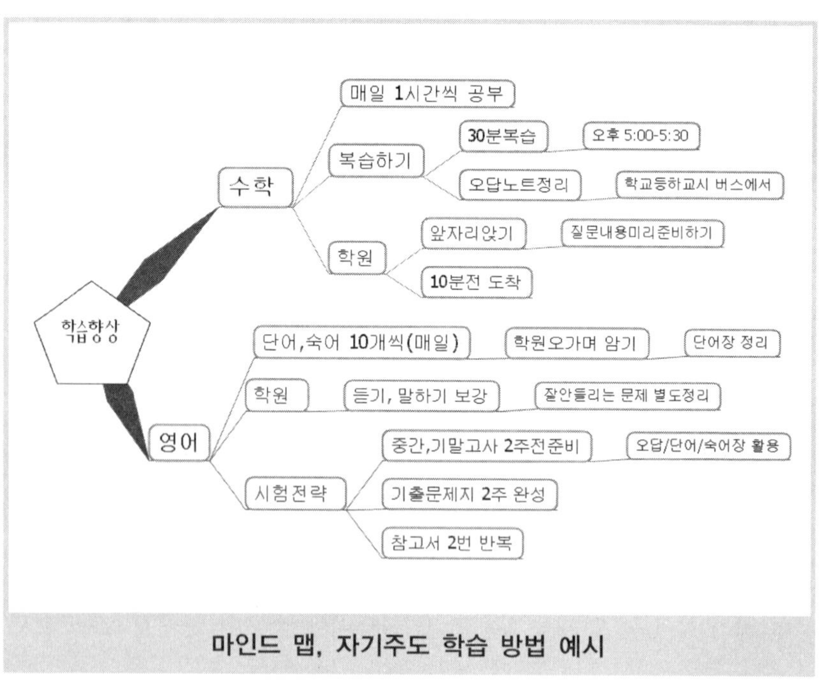

마인드 맵, 자기주도 학습 방법 예시

① 공식, 개념이 떠오르지 않는 경우 교과서/참고서를 다시 뒤져서 찾으려면 귀찮게 여겨지고 소홀히 할 수 있기 때문에 좀더 쉽게 접근할 수 있는 개념 노트가 필요한 것이다.

② 개념, 공식 등을 정확히 알고 있으면 응용문제에서 적응이 빠르다.

③ 대다수 학생들은 개념, 공식이 명확하지 않은 상태에서도 문제풀이만 많이 하려고 하는 경향이 있다.

④ 몇분의 시간도 아까운 학생들에게 효과적인 학습도구이다.

* 관련 기사를 신문 또는 인터넷에서 본 경우 별도 부착을 통해 참고자료로 활용하는 것도 좋다.

3. 예습 전략, 복습 전략

예습의 경우 개념위주로 준비하는 것이 좋다. 물론 선행학습이 이루어진 경우에는 문제풀이로 들어가는 것이 좋지만 그렇지 않은 경우는 개념에 대한 명확한 이해 또는 공식을 사전에 암기 하고 임하는 것이 바람직하다. 공식과 개념을 잘 이해한 경우 바로 실전 문제풀이로 들어 갈수 있기 때문이다.

"망각곡선" 이론(독일 심리학자 헤르만 에빙하우스)에 의하면 학습내용은 20분후 58% 9시간 후 36%, 6일 후 25%의 기억을 유지할 수 있다고 한다. 그렇다고 해서 모든 과목을 복습하기에는 어려움이 따른다.

그래서 다음과 같은 전략으로 복습을 통해 학습의 효과를 높이는 노력이 필요하다. 절차를 이해하는 지식이 필요한 과목(수학, 과학)과 서술적인 지식이 필요한 과목(사회)으로 분류하여 복습의 방법을 수립해야 한다.

가. 절차적 능력과 방법을 익히는 과목

머리로 풀지 말고, 연필로 직접 풀어야 한다. 잘 안풀리는 문제를 몇번에 걸쳐 풀어보면서 그 절차와 방법을 익히는 것이 좋다. 그러다 보면 자신만의 새로운 방법이 떠오르는 부가적인 효과를 노릴 수 있다.

주의할 점은 많은 문제를 풀어보는 방식이지만 개념이해가 부족한 학생은 먼저 개념원리 이해를 터득한 후 많은 문제를 접해보아야 효과적이다.

비슷한 유형 문제를 반복해서 풀어보면 저절로 익히게 된다.

수학, 과학과목의 경우 이러한 절차를 습득하면 학년이 올라갈수록 탄탄해진 실력의 보유자가 될 수 있다.

그래서 복습이 중요한 것이다.

일차 함수를 풀 수 있어야 이차함수를 풀 수 있는 원리를 축적할 수 있기 때문이다.

나. 서술적 능력 과목의 복습방법

일정한 주기를 정해놓고 복습하는 것이 필요하다.

예를 들어 사회과목의 경우 주 1회 또는 2회 정도로 1시간씩 정해진 참고서를 통해 2장 정도씩 꾸준히 학습하는 것이 좋다. 서술적 능력이 요구되는 과목의 경우 개념이해가 필수적이므로 중간, 기말고사가 다가와서 준비하려고 하면 용어 이해부터가 어렵기 때문에 좋은 성과를 내기가 어렵다.

최근 주요 신문에는 아동을 위한 지면이 별도로 제공되고 있는데 이러한 지면을 충분히 활용해 보는것도 필요하다. 생활에서 쉽게 접할 수 있는 용어, 개념으로 자주 접하다 보면 과목에 대한 부담이 사라질 수 있다.

용어가 이해되기 시작하면 책을 읽을 때도 재미가 있고 자신감이 붙

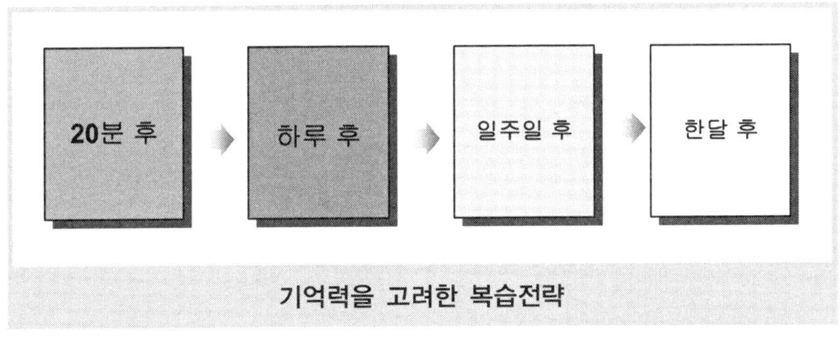

기억력을 고려한 복습전략

게 되는 이점도 있다.

이러한 능력은 통합적 사고력과 연관되며 논술, 면접 등에 있어서도 좋은 영향을 미치게 된다.

기억력을 고려하여 복습은 위와 같은 방식으로 진행하는 것이 효과적이다. 기억력이 떨어질 때쯤 반복학습을 통해 완전히 자기 것으로 만들고 중간, 기말고사가 다가오면 기출문제 학습을 통해 정리작업을 하는 것도 좋은 방법이 될 수 있다.

쉬는 시간에 빠르게 복습하기, 다음날 수업시간 전에 또는 집에서 간략히 복습해 보기, 일주일 학습내용을 주말에 정리하듯이 복습하기, 한달 후에는 학습내용을 요약 정리하면서 복습하기 등의 전략으로 접근하는 것이 필요하다. 이러한 노력이 점차 많은 분량의 학습으로 이어지고 쌓이면 잠깐만 살펴봐도 학습이 되게 된다. 엄청난 학습의 힘이 생기는 것이다.

영어 단어만 외우는 것보다 문장으로 익히는 것이 효과적 이듯이 암기도 연상작용을 이용하여 관련된 내용을 익히는 것이 오래 기억을 지속시키는 효과를 가져오게 된다.

이것을 더 활용하면 앞서 제시한 마인드 맵 전략으로 이해할 수 있다.

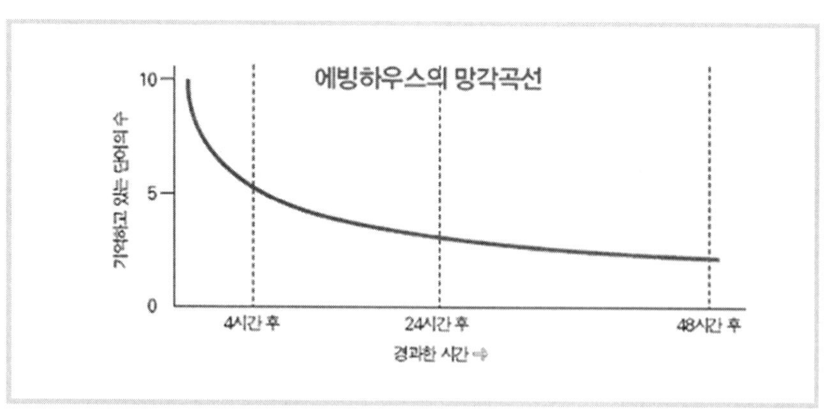

4. 수학과목 관리 전략

◎ 수학 평균 만점과 95점의 차이
(왜 매번 1-2 문제를 꼭 틀리는 것일까?)

이러한 질문에 보통 초등학생들의 대답은 "그냥", "잘모르겠다"라는 식이 대부분이다. 왜 만점이 어려운 걸까?

첫째, 문제를 대하는 태도의 문제이다.
만점을 받는 학생들은 난해한 문제를 만나면 당황하거나, 짜증을 내지 않고 "무엇을 묻는 걸까?, 어떤 공식을 적용해야 할까?"라는 식의 고민을 하면서 여러 가지 공식과 방법을 적용하는데 에너지를 사용한다. 머릿속에 "마인드 맵"을 그리는 과정을 형성하는 것이다.

둘째, 만점을 맞은 경험 유무이다. 만점을 못맞고 매번 한두문제씩 틀려본 학생들은 마음속에 또 틀릴 것이다. 늘 그랬으니까 라는 식의 집요함이 없이 스스로 허용하는 측면이 형성된다.

셋째, 자신이 힘들어 하거나 귀찮은 문제는 평소 반복해서 풀지 않는다. 틀린문제를 또 틀리는 것이다. 대충 훑고 지나가는 방식으로 넘어가다 보니 비슷한 유형의 문제가 나오면 쉽게 당황하는 특성이 있다. "실수했다"라는 식으로 넘어가는 경향도 있다.

넷째, 문제를 끝까지 읽지 않는다. 많은 학생들이 힘들어 하는 문장형 문제의 경우 질문이 cm로 문제를 내놓고 답은 m로 요구하는 식으로 끝까지 읽어야 하는 문제를 놓치는 것이다. 나머지를 구하라는 문제를 몫을 답으로 기록해서 틀리는 것도 대표적인 경우라 할 수 있다.

90점 이상이면 우수한 성적이라 할 수 있다. 그러나 문제는 이러한 실수나 태도가 고학년으로 가면서 실력으로 굳어진다는데 있다.

수학은 다음과 같은 구조로 연결되면서 교과목이 변화하기 때문에 체계적인 대책이 필요하다.

수, 연산 - 도형 - 확률, 통계 - 분수 등의 구성이 점차 심화되고 연결되면서 풀어야 하는 구조를 띄므로 초등 고학년때 정립이 안되면 중, 고등학교때 수학 점수에 영향을 받게 되고 잘 하면서도 수학 때문에 뒷덜미를 잡히는 경우가 발생할 수 있다.

그렇다면 어떤 방식으로 대처하는 것이 좋을까?

♤ 우선 서술형, 문장형 문제를 만나면 **"뜯어 읽어서 파악해라"**를 권하고 싶다.

* 문제에 대한 정확한 이해 - 무엇을 구하라는 것인지 파악 - 공식을 선정 - 정확한 풀이과정 - 기호, 부호 등을 정확히 구별하여 답으로 기록 – 최종확인

이러한 순서와 절차가 필요하다.

다음과 같이 기호나 알파벳으로 구성된 문제를 만나는 경우 답답해하고 막막해 하는 학생들이 있다. 이를 위해서 평소 상징하는 알파벳 등의 의미와 풀이과정을 여러번 반복적으로 접해볼 필요가 있다.

예 다음 식에서 같은 문자는 같은 숫자를, 다른 문자는 다른 숫자를 나타냅니다. A, B 값을 찾아 식을 완성하시오.

$$\begin{array}{ccc} & A & 9 \\ + & B & A \\ \hline 1 & 1 & 5 \end{array}$$

TIP) 이 경우 일의자리부터 해결해서 A 값을 구하도록 인도해주면 된다.
* 물론 문제를 뜯어서 읽는 습관 형성도 잊지 말아야 한다.

예 100개의 사과가 있습니다. 이것을 10개씩 나누어 넣을 수 있는 상자와 7개씩 넣을 수 있는 상자에 담았더니 상자는 모두 11상자가 되었고 8개의 사과가 남았습니다. 이중 10개들이 상자는 모두 몇 상자인지 구하시오.

TIP) 원칙 1. 문제를 뜯어 읽어야 한다.
원칙 2. 결국, 무엇을 구하라는 문제인가? - 파악하기
원칙 3. 식을 수립해서 하는 습관을 배양한다.
원칙 4. 단위에 주의하라. 단위가 상자인지, 개 인지

가능하면 다음과 같이 그림을 그려서 시각화 하는 것이 필요하다. 마인드 맵이라 할 수 있다. 실수를 줄이고 시간을 절약하며 좀더 효과적으로 할 수 있다.

구 분	경우 1	경우 2	경우 3	경우 4
10개 들이	7	6	5	4
7개 들이	4	5	6	7
남은 사과	2	5	8	11

- 11상자라는 조건을 만족해야 하고,
- 사과가 8개 남는 조건을 만족하고,
- 10개들이 상자가 몇 개인지를 찾아야 한다.

만점을 얻지 못하는 학생들은 이러한 문제를 접하면 보통 막막해 한다. 어떻게 해결해야 하는지에 에너지를 쏟지 못하고, "어휴~" 하면서 힘들어 하는 표현이 먼저 앞서게 된다. 그러나 만점, 또는 탄탄한 중, 고등학교의 수학을 위해서는 이러한 식을 수립하고 답을 차분히 찾아내는 습관형성이 중요하다.

♤ 틀린 문제를 반복 학습하는 것이 필요하다 – 오답노트 활용

틀린 문제, 틀린 유형에서 또다시 반복하게 되는 경향을 예방할 수 있고 꼼꼼하게 자신의 학습유형을 돌아 볼 수 있는 습관이 형성되게 된다.

시험전날 오답노트를 점검하고 백지에 천천히 다시한번 풀어보는 것이 도움이 될 수 있다.

♤ 자신이 당황하는 유형의 문제풀이 방식을 익숙하게 만들자

몇문제씩 틀리는 학생은 평소 공부를 하면서 문제를 만나면 막막함, 답답함을 느끼게 만드는 유형의 문제가 있다. 이러한 문제들의 풀이방식, 공식, 함정 등을 정확히 이해하고 여러번 풀어봄으로써 자신감과 해결방식을 찾아낼 수 있는 사고체계를 구축하는 것이 필요하다.

♤ 공식, 단위환산 등을 좀더 철저히 알아두는 것이 필요하다.

이부분이 명확해지면 문제를 좀더 쉽게 시간을 절약하면서 풀 수 있다. 다 아는 문제인데 공식을 떠올리지 못해서 틀리는 경우도 많기 때문이다.

♤ 마무리는 반드시 검산으로…

풀이가 끝나면 좀 어려웠던 문제를 중심으로 검산을 반드시 하는 습관이 필요하다. 시간적 여유가 있으면 모든 문제를 처음부터 검산하면 더 좋겠다.

5. 시험관리 전략

가. 시험공부 방법

시험에 대비한 공부는 언제부터 하는 것이 좋을까? 일반적으로 중간, 기말고사의 경우 2주전부터 문제풀이를 시작하는 것이 좋다. 시험 진도에 맞춰 매일 전 과목을 풀어나가려면 약 2주정도의 시간이 소요된다.

만약 개념 정립이나 공식암기에서 부족한 학생의 경우 무작정 문제풀이를 하기 보다는 1~2일 동안 개념에 대해 명확히 정립을 하고 넘어 가는 것이 필요하다. 개념정립이 안된 상태에서 문제풀이를 하는 것은 노력에 비해 좋은 결과를 얻기가 어렵기 때문이다. 초등 고학년, 중학교로 올라갈수록 개념이 응용되고 연결되어 있기 때문에 더욱 그러하다.

나. 시험 전날

오답노트 위주의 정리가 필요하다. 여러 가지 과목을 뒤적이며 정리하기보다는 오답의 경우 내가 평소 혼돈스러워 하던 내용들이기 때문에 그 내용을 위주로 정리작업을 하는 것이 좋다. 다만, 이러한 과정에서 개념에 혼동이 오는 경우 다시한번 개념을 정립하고 넘어가는 것이 좋다.

오답의 경우 내가 취약한 분야라는 의미이므로 다시 틀릴 가능성이 높으며 오답이 나온 분야에 대한 개념이 정립되지 않은 경우가 많기 때문이다. 잠을 충분히 자두는 것이 뇌 활동에 도움을 준다는 사실을 감안하여 긴장완화를 위해 7-8시간 정도 수면을 취하는 것이 좋다.

다. 시험당일 효과적 관리 방법

시험당일은 일찍 일어나는 것이 좋다. 일어난 후 1시간 이상이 되어야 뇌 활동이 활성화 되는 것을 고려해야 한다. 많은 것을 보려고 하기 보다는 다시한번 개념정리 노트, 평소 혼돈하는 것을 위주로 정리작업을 해서 자투리 시간을 활용하는 것이 좋다. 중학생 이상의 경우 3-4일간 시험이 진행되므로 위에서 제시한 오답노트, 개념노트를 최대한 활용하는 것이 좋다. 짬이 날 때 마다 문제풀이 과정, 개념 등에 대해 ※를 해두고 이러한 시간에 다시 한번 참고서, 문제집 등을 훑어보면서 점검해 보는 것이 필요하다.

6. 학습효과에 영향을 미치는 요소

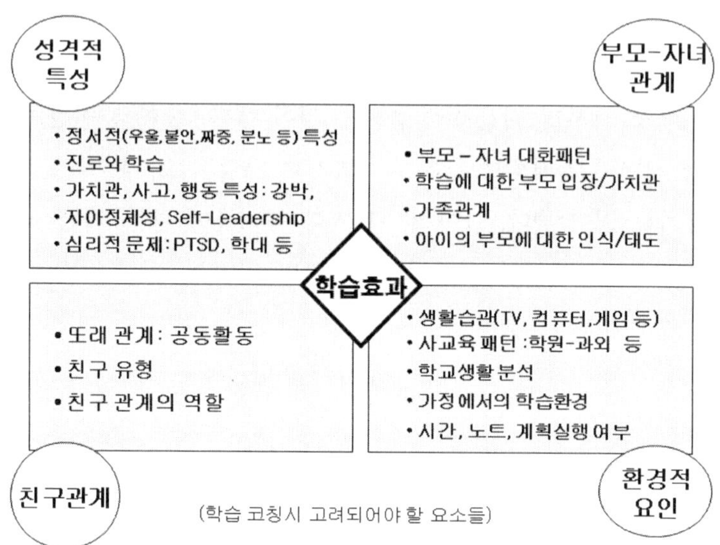

(학습 코칭시 고려되어야 할 요소들)

학습효과는 위에서 알 수 있듯이 어느 한 가지 요소에 영향받기 보다는 여러 가지 복합적인 요인에 의해 영향을 받고 있음을 알 수 있다. 학습효과를 높이기 위해서는

첫째, 성격 - 학습의 관계

둘째, 진로/적성 - 학습의 관계

셋째, 친구(대인)관계 - 학습의 관계

넷째, 부모 - 자녀 관계

다섯째, 심리적 문제 - 학습의 관계 등

전반적인 요소를 고려해 보아야 한다.

예를 들어 심리적으로 안정되지 못하고 자아정체성, 자아존중감 등이 낮은 학생들은 학습효과를 높이기에는 여러 가지 어려움이 뒤따른다.

학습코칭은 위와 같은 요소들을 종합적으로 고려하고 판단하여 이루어져야한다. 이처럼 여러 가지 요소를 고려하여 각 개인별로 맞춤식 코칭을 하는 것이 "수준별, 특성별" 코칭이라 할 수 있다.

제7장 공부습관 바꾸기 - 자기주도학습

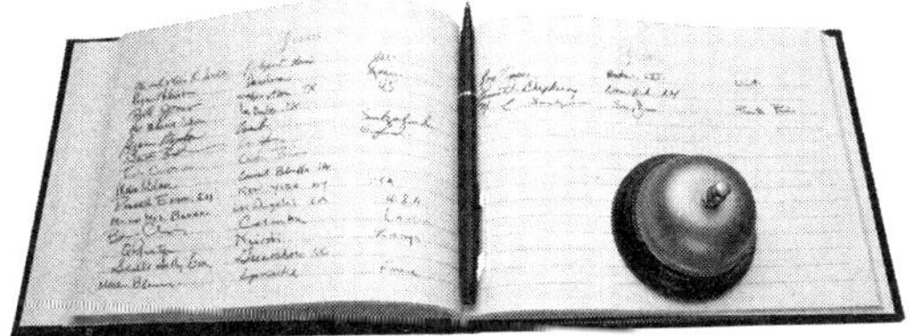

1. 비젼 세우기

나의 비젼, 목표는 무엇일까?

내가 원하는 비젼은 무엇일까?

가. 목표설정의 방법

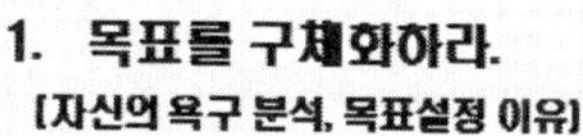

1. 목표를 구체화하라.
(자신의 욕구 분석, 목표설정 이유)
2. 글로 써라.
3. 시각화하라.
4. 추가하라.
5. 상상하고 행동하라.

목표 설정은 위와 같은 원칙에 따라 구체적이고 실행가능한 요소들을 위주로 구성되어야 한다.

또한 SMART 원칙에 준해 목표를 수립하는 것이 활용 가능하다고 할 수 있다. 학생들에게는 가능하면 손에 잡히고 구체적인 것으로 목표를 설정하는 것이 현실성이 있다고 할 수 있다. 다음 그림을 참고하여 목표를 수립하도록 해본다.

✺ SMART 원칙에 의한 계획수립 절차

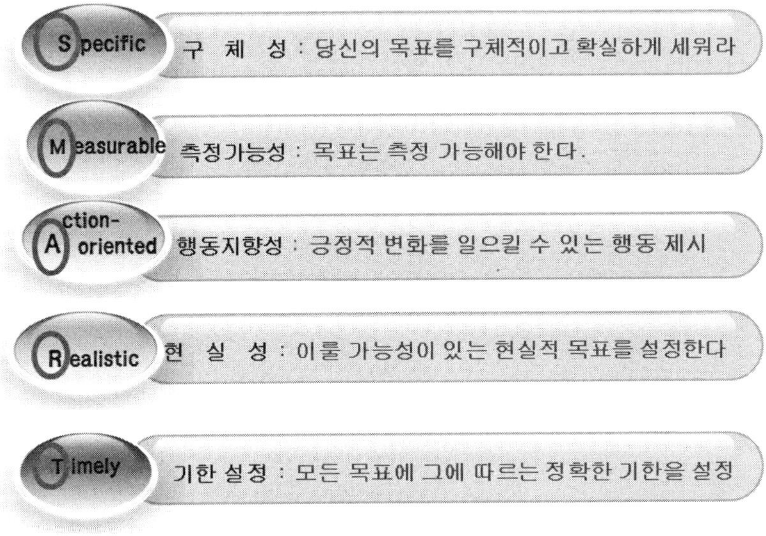

Specific	구 체 성 : 당신의 목표를 구체적이고 확실하게 세워라
Measurable	측정가능성 : 목표는 측정 가능해야 한다.
Action-oriented	행동지향성 : 긍정적 변화를 일으킬 수 있는 행동 제시
Realistic	현 실 성 : 이룰 가능성이 있는 현실적 목표를 설정한다
Timely	기한 설정 : 모든 목표에 그에 따르는 정확한 기한을 설정

2. 현재 나의 학습(생활)습관 알아보기

가. 학습습관 알아보기 전 나의 강점, 약점 분석하기

	강 점 (:^.^:)/♥	약 점 (;^_^A
성 격	➢ ➢ ➢	➢ ➢ ➢
능 력	➢ ➢ ➢	➢ ➢ ➢
태 도 습 관	➢ ➢ ➢	➢ ➢ ➢

나. 나의 생활습관 점검해보기(예시)

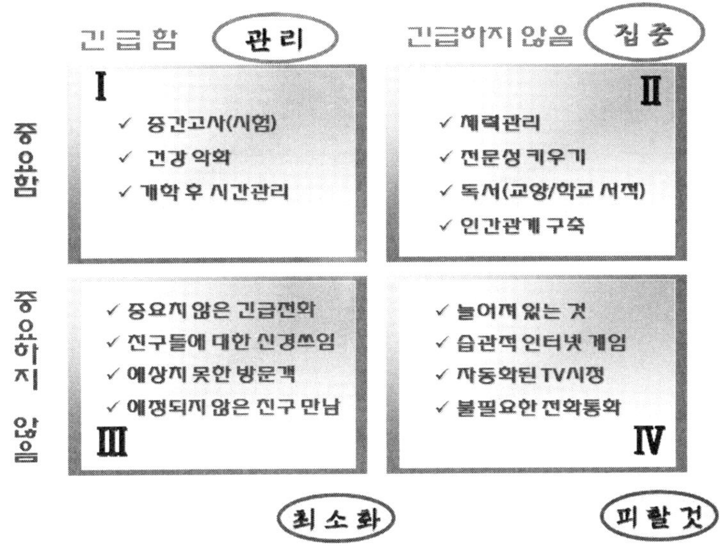

다. 실제 나의 생활습관 기록해 보기

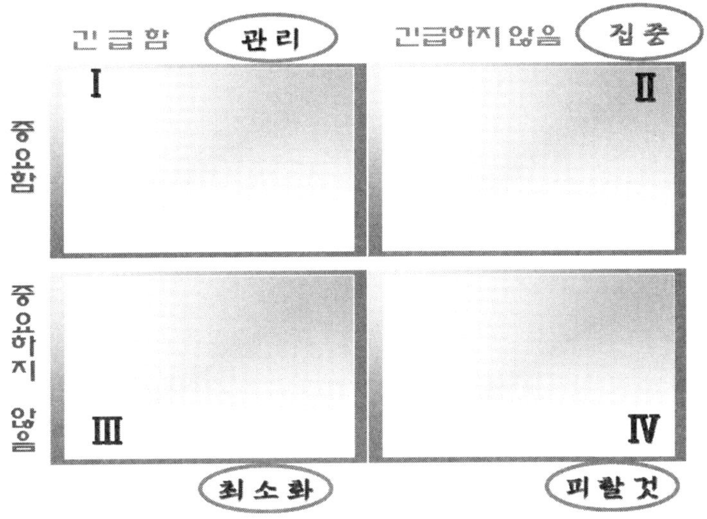

3. 학습 장애물과 극복전략 – 시간, 환경, 동기, 정서

목표 설정

○ ○ ○

장애물

예상 장애요인	해결 방법
○ ○ ○	○ ○ ○

4. 세부실천계획서 작성해보기

세부 실천계획(예)

구 분	그만둘일	계속해야할일	시작해야할일
생활 습관	아침 늦잠 불규칙한 생활		
컴퓨터 TV 등	과다한 TV 시청		
화, 짜증 불안 등	지나치게 잦은 불평불만, 화냄		
친구, 주변관계	자주 만남		

앞페이지와 같은 양식을 활용하여 현재 나의 생활 패턴을 점검해 보고 세부적으로 해야 할 일과 그만두어야 할 일에 대해 기록해 보는 것이 필요하다.

이러한 작업을 통해 실생활에서 어떤일을 계속하고 그만두어야 하는지에 대해 한눈에 살펴볼 수 있는 “지도”와 같은 역할을 제공한다고 볼 수 있다. 자신의 생활모습을 한걸음 떨어져서 보는 효과를 기대할 수 있다.

제8장 효과적 학습을 위한 생활코칭 이야기

많은걸 주는 부모, 그러나 아쉬운 부모

1. 부모 - 자녀 관계가 어렵게 되는 구조

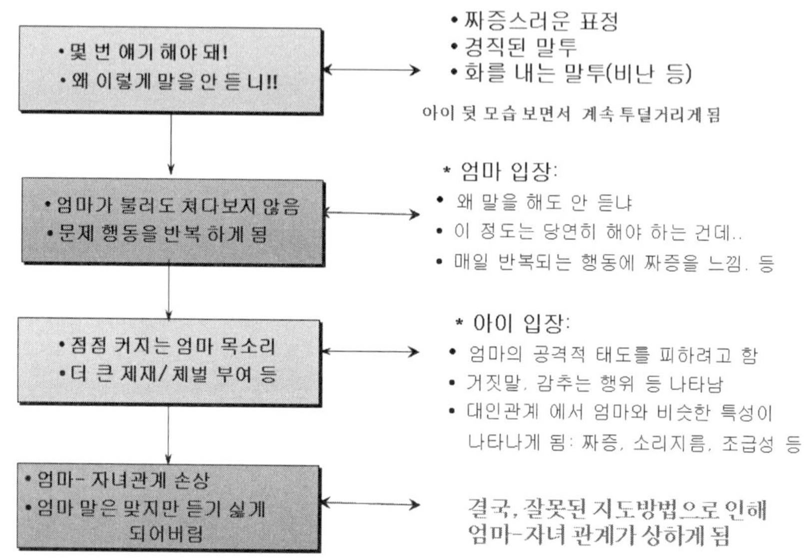

부모 - 자녀 관계는 위에서 보는 형태를 띄며 서로 힘들게 되는 구조를 형성하게 된다. 위와 같은 형태로 부모- 자녀관계가 형성되면 서로의 스타일에 힘들게 느끼게 되므로 잘해보려고 노력해도 쉽게 관계 회복이 이루어지지 않게 된다. 이 경우 상대방이 문제라고 여기며 계속 서로를 비난하거나 문제시 하는 패턴을 띄게 될 수 있다.

일단 이 구조가 형성되면 객관적인 시각을 지니기 어렵기 때문에 가족상담을 통해 벗어나도록 하는 것이 바람직하다

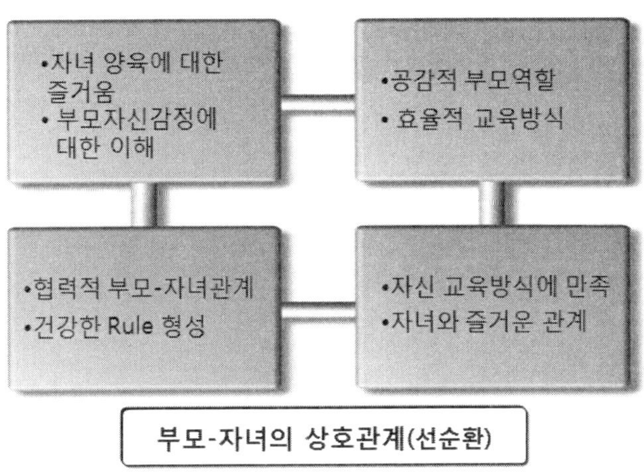

부모-자녀의 상호관계(선순환)

위 선순환 구조의 핵심은 부모 스스로가 자신감정에 대한 이해가 이루어지고 있으며 이를 바탕으로 공감이 가능해 진다는 점이다. 즉, 부모 스스로의 심리상태를 이해하고 자녀를 받아들일 “여유공간”을 지니고 있다는 의미이다. 이렇게 되면 자신의 양육방식에 대해 만족하고 아이와의 관계도 원만하게 된다. 자연스럽게 생활에서 부모 - 자녀간에

Rule 이 형성되어 서로의 영역을 인정하면서도 때로는 지지, 격려, 통제를 원만하게 할 수 있는 여건이 마련되는 것이다.

이러한 구조를 띄어야 부모 - 자녀관계가 선순환 구조로 형성되었다고 할 수 있다.

2. 왕따에 관한 이해

왕따 문제를 안고 있는 아이들은 다음과 같은 내용을 점검해 볼 필요가 있다.

1) 왕따를 당하는 데에는 어떤 이유가 있다.

어떤 이유로 인해 왕따를 당하는지를 면밀히 점검해 볼 필요가 있다.

왕따를 시킬만한 "시비거리"를 친구들에게 제공하고 있지 않은지 점검이 필요하다는 것이다. 주변 친구들에게 어떤 대응, 어떤 의사소통을 하고 지내는지를 점검해 보는 것이 중요하다.

* 왕따를 당하는 아이가 문제 있다는 의미로 해석하기 보다는 주변과 소통이 이루어지지 않고 있다는 의미로 해석하는 것이 좋다.

2) 부모의 재산, 지위 등을 뽐내며 주변 친구들을 무시하는 아이의 경우

결국 친구들과 소통하는 방법을 한 가지만 알고 있어서 그러한 대우를 받는 것이다. 맛있는 것을 사주고, 생일에 초대해서 자신이 지닌 것을 과시하면 친구들이 자신을 좋아해줄 것이라고 여기고 있는 것이다.

대부분은 자신이 친구들에게 무시당하고 있다는 사실을 인지 하지 못하고 있는 경우가 많다.

부모가 이 부분에 대해 적극적으로 개입을 해주고 소통할 수 있는 방법을 가르쳐 주도록 해야 한다.

3) 아이가 어떤 친구관계에 얽매여 있는 경우 이를 벗어날 수 있도록 지원을 해주어야 한다.

예를 들어 친구관계를 잘 형성해보고 싶어서 늘 심부름을 하는 아이의 경우 자신이 그 집단에 참여할 수 있다는 것에 만족하면서도 점차 불만이 생겨서 어려움을 겪을 수 있다. 이 경우 상담을 통해 아이가 그러한 관계에 연연하지 않고 새로운 친구 관계를 형성할 수 있도록 지원해 주어야 한다. 이러한 친구관계는 결국 아이에게 바람직스럽지 않기 때문이다.

3. 난 최선을 다하는데 우리 아이는 왜 그럴까요?

엄마는 최선을 다해 학습에 관한 정보를 수집하고 학원선택, 가정에서의 학습 등 모든 노력을 아끼지 않고 하는데 아이가 제대로 따라오지 않거나 피동적으로 반응하여 답답하다고 호소하는 경우가 있다.

무엇이 문제일까? 이때 점검해 봐야 할 점은 "나만의 최선"이 아닌지 확인해 보는 것이 필요하다.

- 우리아이가 좋아하는 분야를 잘 찾아서 권하고 있는 것인지

또는

- 엄마가 생각하기에 이것을 하면 아이에게 좋으니까 하라고 하는 것인지

동기부여가 잘 되어 있는지도 확인이 필요하다. 학습을 할 때 왜 해야하는지, 무엇이 아이 스스로에게 좋은 건지, 무엇을 위해 이렇게 하는 것인지 부모-자녀 간에 충분히 교감이 이루어 진 이후에 추진이 되어야 한다. 그렇지 않으면 엄마 혼자서 급하게 아이를 끌고 가는 일이 벌어질 수 있기 때문이다.

왜 해야 하는지 모르고 무작정 시키는대로 학습을 하는 아이들은 자율성과 자긍심, 효율성 등에 좋지 않은 영향을 끼치게 된다. 당연히 대인관계에서도 소극적이거나 자신의 의사표현을 잘하지 못하는 경향을 나타내게 될 수 도 있다. 어떤 의사표현을 했을 때 받아들여지지 않는 일이 지속적으로 경험하게 되면 아이는 스스로 말문을 닫아 버리게 되기 때문이다.

자신감 역시도 잘 형성되지 못한다. 자신의 의사표현이 중요하게 인

식되지 못하고 “쓸데없는데 신경쓴다”라는 식의 반응을 경험하게 되면 아이의 마음은 오그라들 수 밖에 없다.

자녀의 의견을 반영하고 조율하여 부모 - 자녀가 함께 최선을 다하는 구조가 되어야 최선을 다한 것에 대해 효과를 기대할 수 있다.

선수와 코치가 한마음이 되어야 좋은 경기 결과를 기대할 수 있는 것처럼 말이다.

중고생들 강박장애 시달린다

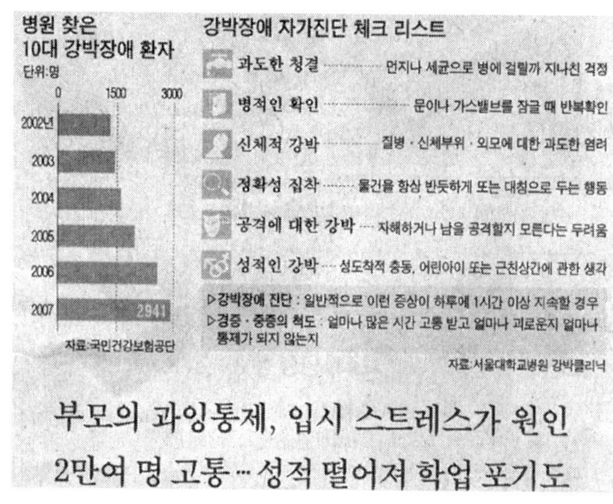

병원 찾은 10대 강박장애 환자
단위:명

2002년	
2003	
2004	
2005	
2006	
2007	2941

자료:국민건강보험공단

강박장애 자가진단 체크 리스트

- 과도한 청결 …… 먼지나 세균으로 병에 걸릴까 지나친 걱정
- 병적인 확인 …… 문이나 가스밸브를 잠글 때 반복확인
- 신체적 강박 …… 질병 · 신체부위 · 외모에 대한 과도한 염려
- 정확성 집착 …… 물건을 항상 반듯하게 또는 대칭으로 두는 행동
- 공격에 대한 강박 …… 자해하거나 남을 공격할지 모른다는 두려움
- 성적인 강박 …… 성도착적 충동, 어린아이 또는 근친상간에 관한 생각

▷강박장애 진단 : 일반적으로 이런 증상이 하루에 1시간 이상 지속할 경우
▷경증 · 중증의 척도 : 얼마나 많은 시간 고통 받고 얼마나 괴로운지 얼마나 통제가 되지 않는지

자료:서울대학교병원 강박클리닉

부모의 과잉통제, 입시 스트레스가 원인
2만여 명 고통…성적 떨어져 학업 포기도

부모 - 자녀가 최선을 다해 생활하면서 이러한 경우가 발생되고 있는 현실은 안타깝다고 할 수 있다. 수준별, 특성에 맞춰서 적절한 지도를 하는 것이 필요한 이유이다. 열심히 하는 데도 어떤 부적응 현상이 발생되면 그만한 이유가 있다는 점을 기억하고 반드시 점검을 통해 생활과 지도방식에 변화를 추구하여 노력한 것에 대해 보람있는 결과를 가져올 수 있도록 해야 할 것이다.

4. 자꾸 여기저기 아프다는 아이

특별한 이상이 없는데도 수시로 아프다고 하는 아이의 경우 심리적인 문제를 점검해 볼 필요가 있다.

의학적으로 이상을 발견하지 못하는데도 스트레스 상황이 되거나 유사한 상황에서 아프다고 호소하는 경우 의심해볼 필요가 있다.

스트레스를 몸으로 표현하고 있다고 보는 것이 필요하다. 아프다는 사실뿐만 아니라 학습을 게을리 하게 되거나, 피동적인 성향으로 변할 수 있기 때문에 조기에 이러한 문제를 점검해 볼 필요가 있다.

성격자체에도 변화가 올 수 있다. 늘 아프다는 인식을 강하게 지니고 살다보니 평소 편치 않은 몸과 마음을 지니게 되고 그로 인해 조그마한 자극만 와도 아프다고 하면서 모든 일을 멈추게 되는 일이 벌어질 수 있다.

성격 형성에 부정적 영향을 가져올 수 있으므로 적절한 대처가 필요하다.

또는 아프다고 하는 경우 생활이 조금 편리해지는 경험을 하고 이를 악용(?)하는 경우일 수 있다.

부모가 다투는 경우 아프다고 하면 싸움이 멈추고 자신을 위해 집중하게 되는 경험을 한 경우를 한 예로 들 수 있다. 아프다는 호소를 통해 집안의 갈등을 바꾸게 되는 경험을 하게 되고 이로 인해 필요할 때마다 이러한 패턴이 반복되는 일이 발생할 수 있다.

별 일 없는데도 자꾸 아프다고 하는 반응은"현재 내 마음이 불편해요"라는 메시지를 던지고 있는 상태로 인식하는 것이 올바르다.

5. 몇 번 얘기 했는데 같은 일을 반복하는 아이

(매일 어떻게 좋게만 이야기 할 수 있습니까!)

몇 번 이야기해도 행동을 멈추지 않거나 다음번에 안 그러겠다고 죄송하다며 약속한 아이가 비슷한 행동을 반복하는 경우가 있다. 다시 죄송하다며 그때뿐이고 별로 개선의 여지가 안보이는 경우 어떻게 이해하고 코칭하는 것이 좋을지 답답해 질 수 있다. 게다가 최근 발행되는 여러 종류의 책들과 교육은 “칭찬”, “작은 소리로 키워라” 등등 부드러움을 강조하는 경향이 두드러지다 보니 부모 입장에서는 혼란스러울 수 있다.

첫째, 이미 우리 아이 성격, 특성, 습관 등이 그렇게 형성되었다고 이해하는 것이 올바르다. 알면서도 잘 개선이 안되는 수준 즉, 이미 고착이 이루어진 것이라 할 수 있다. 어른 역시 자신의 취약한 부분을 개선하여 실수를 줄이고자 하지만 생각처럼 변화하기가 쉽지 않다. 그런점을 고려한다면 아이들이 동일한 행동을 반복할 때 “왜 저모양이지?”, “몇번 안하겠다고 해놓고 또해!!”라는 식의 답답함을 사라질 수 있다. 그만큼 아이들도 변화하기가 어려운 것이다.

다만, 여기서 점검해 보아야 할점은 혹시 부모가 탓하는 말을 하면서 정작 아이수준에 적합한 변화방식과 절차에 대해 제시해 주지 않았는지 알아보아야 한다. 혼내고 주의를 주다보니 우리아이가 왜 자꾸 변화하지 못하고 반복하고 있는지 행동을 바꾸기 위해서 우리아이에게 적합한 변화 절차는 무엇일까를 탐색해 보아야 한다.

이점이 바로 우리아이가 변화하지 못하는 가장 큰 이유중 한가지 이다.

둘째, 단호하게 혼을 내되 방향을 제시하고 "철학"이 담긴 코칭을 해야 한다. 부모스스로가 코칭하는 방향에 묵시적으로 일관된 모습을 보여야 한다는 의미이다.

셋째, 아이들의 나이만큼 습성, 성격, 습관 등은 오랫동안 형성되어 왔기 때문에 한동안 시간, 노력, 정성이 수반되어야 변화가 자연스럽게 올 수 있다. 부모-자녀관계, 가정환경 등을 통해 이미 특성으로 자리잡은 아이를 몇 번의 코칭으로 변화를 가져오는 것은 쉽지 않다. 오히려 빨리 안바뀐다고 조급해 하고 답답해 하는 부모의 모습을 지적하고 하고 싶다.

만약, 어려서부터 계속 그런 경향을 띄어온 아이라면 지금 부터는 부모의 대처방식에 변화를 가져야 한다. 아이역시 과거부터 부모의 대처방식에 맞춰서 반응을 해왔기 때문에 부모가 반응방식을 바꾸면 아이역시 자신의 반응방식에 변화를 가져올 수 밖에 없는 것이다.

변화의 가능성을 믿고 기다려 보는 것이 필요하다. 우리 부모의 코칭 결과물이 아이를 통해서 보여지는 것이므로 좀더 성찰하고 노력을 해야할 필요가 있다.

6. 아이들은 부모를 보면서 "마음의 그림"을 그린다

(무엇을 보여줄 것인가?)

아이에게 부모가 어떤 모습을 보여주는가에 따라 아이는 자신의 마음속에 자신과 세상에 관한 그림의 형태, 종류를 결정하게 된다.

부모가 세상을 바라보는 시각이 긍정적이면 아이는 그 모습을 보면서"긍정"이라는 그림을 형성하게 되고, 부모가 억압, 짜증, 폭력 이라는 것을 보여주면 아이는 그에 상응한 마음을 키우면서 자라게 된다.

부모가 늘어져 있으면 아이도 늘어지는 생활태도 뿐만 아니라 마음속에 '늘어짐'이라는 그림을 형성하게 되는 것이다.

부모가 어떤 일을 가르치려고 하는 노력도 중요하지만 평소 자신의 마음상태, 보여주는 모습에 따라 우리 아이들의 성격이 결정된다고 할 수 있다.

적극적이고, 능동적이며 진취적인 리더십을 지닌 아이들은 부모가 그러한 모습, 그러한 환경을 스며들게 해주었기 때문에 가능한 일이다.

어떠한 것을 보여주느냐에 따라 부모와 자녀 간에 어떤 종류의 의사소통을 하게 해주는지를 결정하게 되는 것이다.

7. "이번 시험 90점 넘으면 선물 사줄게"의 함정

(89점인데 선물은 어떻게 하죠?)

부모들 중에는 아이와 90점 넘으면 게임기 등을 선물해주겠다는 식의 약속을 하는 경우가 있다. 평소 대화중에도 "000 하면 000사줄게"라는 식의 대화패턴을 유지하기도 한다. 그리고 이런 대화패턴을 주고받은 아이들은 대부분 부모와 대화시 "내가 그거 하면 000 해줄거야?"라는 식의 질문을 활용하게 된다. 부모가 스스로의 덫에 빠진 경우라고 할 수 있다.

시험을 치른 결과가 88점, 89점일때는 어떻게 해야 할까?

90점을 못넘었으니 약속대로 안사줘야 하는데 아이가 너무 슬퍼하며 속상해 하는 모습을 보니 안사주기가 어려울 수 있다.

다음사항을 짐검해 보고 결정을 하는 것이 올바르다고 본다.

첫째, 아이가 시험에 최선을 다했는지 여부

평소 시험에서 좋은 결과를 위해 최선을 다하고 열심히 노력하는 모습을 보인 경우 인정해 주고 "엄마가 평소 지켜보니 네가 스스로의 일에 열심히 하는 모습이 정말 보기 좋았다. 그래서 엄마는 이번 경우에 한해 특별히 90점을 못넘었지만 너에게 선물을 사주도록 하겠다"라는 메시지를 전달해 주어야 한다.

* 성적이 중심이 아니라 자신의 성적을 위해 최선을 다하는 자세, 노력을 기울이도록 하기 위해 정해놓은 기준이라는 점을 전달하는 것이 필요하다.

둘째, 평소 생활에서 "000 하면 000해주겠다"라는 식의 거래를 연상시키는 대화는 하지 않도록 주의해야 한다. 만약 이러한 경향을 띄고 대화를 하는 경우 적절한 제재가 필요하다.

아이 자신의 학습을 위해 하는 노력에 대해 칭찬해 줄 수 있지만 그것을 빌미로 뭔가 댓가를 제공하는 수단으로 변행되는 것은 주의해야 한다.

8. 학교에서와 가정에서 모습이 너무 다른 아이

학교에서 보이는 모습과 가정에서 하는 행동이 너무 다른 아동의 경우 왜 그러한 경향을 띄는지 점검해 보아야 한다. 일단 부모가 그러한 사실을 알고 있는지 여부를 확인해 본다.

예를 들어 가정에서는 얌전한데 학교, 학원에서는 다른 아이들에게 욕하고 폭력적인 행동을 보이는 경우 그만한 사연이 존재한다.

집에서 그러한 행동들이 받아들여지지 않기 때문에 밖에서 부모몰래 하는 경우가 대부분이다. 일단 부모-자녀관계가 매끄럽게 의사소통이 이루어지지 않고 있다는 것을 예상할 수 있다.

만약 부모가 믿지 못하는 경우 여러 가지 상황에 대해 객관적인 증거를 보여주는 것이 필요하다. 이러한 부모는 받아들일 준비가 아직 부족하므로 조심스럽게 접근하는 것이 필요하다.

오히려 이러한 현상이 포착된 것을 다행으로 여길 필요도 있다. 초기에 아이 문제점을 파악하게 되었고 이로인해 적절한 개입을 할 수 있는 기회가 된 것이기 때문이다. 부모에게도 이러한 사실을 정확히 알려 주어 오해가 없도록 하는 것도 필요하다.

9. 내가 공부를 못하기 때문에 아이를 못 가르치겠다고 생각하는 부모를 위한 이야기

내가 공부를 못했고, 어려워서 못가르치겠다고 말하는 부모들이 있다. 특히 최근 초등학교, 중학교 수준이 높아져서 더욱 그러한 경우가 있다. 그러나 학습코칭은 학습에 대한 지식 여부에 달려있지 않다.

- 부모와 자녀가 함께 공통된 과제를 수행해보는 시간을 갖는 것
- 자녀의 학습을 위해 시간을 공유하는 부모의 모습
- 함께 인터넷 등을 탐색하며 관련지식을 알려주는 부모의 모습
- 함께 탐색하는 동안 "우리 엄마(아빠)가 나의 일을 중요시 하시는구나", "이런 문제를 찾을 때는 엄마(아빠)와 같은 자세로 천천히 찾아봐야 겠구나"라는 인식을 형성하게 되는 교육이 이루어진다.
- 우리 아이가 어떤 공부를 하고 있고 어떤 분야에서 힘들어 하는지에 대한 정보 습득.
- 아이 세계에 다가가는 기회
- 부모 - 자녀간에 신뢰 형성

적어도 초등학교 저학년 까지는 부모가 함께 학습하는 시간을 갖기를 권한다. 자기주도학습, 셀프코칭 능력을 형성시켜주고 적극적인 학습습관을 형성하는 기틀을 마련해 주는 중요한 의미가 있다고 할 수 있다.

지식만 가르쳐 주는 것이 아니라 공부하는 방법, 공부하는 의미, 공부의 방향, 자신의 일에 대한 중요성 등에 대해 새롭게 인식하는 아이

로 자라게 된다.

이렇게 자란 아이들은 학습뿐만 아니라 자신이 하는 모든 일에 대해 적극성을 가지고 탐구하는 습관을 발휘하게 된다. 이러한 중요성 때문에 부모가 공부를 못해서 학습코칭이 어렵다는 의식에서 벗어날 필요가 있다.

공부지식 형성이 아니라 공부하는 "틀"을 제공해 주고 학습의욕을 키워주는데 큰 의미가 있는 것이다.

10. 아이를 올바로 지도하려면 무엇이 필요할까?

첫째, 부모가 양육 철학이 있어야 한다.

무엇을 가르칠 것인지, 무엇을 얻게 할 것인지, 무엇을 갖추게 할것인지, 어떤 사람이 되게 할 것인지 등 양육에 대한 근본적인 철학이 있어야 한다.

둘째, 아이와 생활에서 질서, 규칙(rule)을 만들어 주어야 한다.

밥 먹을때는 TV 끄기, 자기전에 책읽기, 바른자세로 밥먹기, 내가 하고자 하는 이야기는 또박또박 이야기하기, 내가 할일을 하지 않으면 친구와 놀러가는 것은 안가기, 아빠출근하실 때 얼굴보고 인사하기 등 생활에서 일정한 규칙이 정해져야 한다.

이것이 습관이 되고, 습관이 되면 아이의 인성이 바뀌고, 그러면 부모와 아이 사이에는 말하지 않아도 저절로 자연스러운 흐름이 생기게 된다.

이것이 가족규칙, 가족질서가 되고, 나아가서는 가족의 문화로 자리잡게 될 수 있다. 당연히 이런 가족에서는 큰소리가 안 나고, 그냥 조용하면서도 부드러운 가족 분위기가 형성되게 된다.

셋째, 부모와 아이 사이의 경계선 만들어 주어야 한다.

부모와 아이사이에는 '경계선' 이 있어야 한다. 가장 가까워야 할 부모-자식 관계지만, 적정한 거리와 각자 생활영역에 대한 경계선이 있어야 ' 건강한 가족관계' 가 형성될 수 있다. 많은 부모님들은 적정한 거리? 경계선? 용어를 들으면 어떻게 하라는 건지 혼란스러워 하기도 한다.

“가족관계가 이정도는 당연한거 아니냐?”, “남들도 이정도는 하고 사는거 아닌가?”라는 의문을 가질 수도 있다.

엄마, 아빠가 아이들을 위해 많은걸 희생하거나, 사랑으로 양육하고는 있지만 반드시 엄마, 아빠의 생활도 중요하다는 것을 아이들에게 인식시켜줘야 한다는 이야기 이다.

가정생활에서 우리 엄마, 아빠의 생활도 중요하구나, 그걸 존중해야겠구나, 우리의 생활을 존중해 주시듯이 우리도 그렇게 해야 하는구나 라고 아이들이 깨닫고 그것이 생활이 될 수 있도록 인도하는 것이 중요하다.

엄마, 아빠의 생활에 아이들이 간섭하거나 끼어드는 경우가 있는데 이경우 자녀교육에 좋지 않다. 아이는 부모의 생활에 끼어드는 일이 최소화 되어야 한다. 가끔 부부 싸움을 하면서 아이들에게 상대 배우자의 욕을 하거나 나쁜 점을 아이들 앞에서 이야기 하는 경우가 있는데 이는 누워 침뱉는 격 이다. 상대 배우자 욕을 하는 부모에게 아이가 존경심을 가질리 없다. 부부싸움에 아이가 끼지 않도록 하는 것이 필요하다. 부모 생활에는 아이들을 끌어들이거나, 아이들이 들어오지 못하도록 경계선이 필요한 것이다.

‘부모님들에게는 그분들만의 세계와 대화가 있는 거구나’라고 아이들이 느끼게 해주어야 가까우면서도 서로에게 예의를 지키는 가족관계가 가능해질 것이다.

넷째, 부모의 마음이 안정되면 아이의 마음도 자연스레 안정이 된다.

부모가 편안한 마음을 가지고 있으면 아이들을 바라볼때 편안한 눈

빛과 분위기를 전달하게 되고, 아이들 역시 편안한 분위기를 느끼며 안정감을 형성하게 된다. 이렇게 성장한 아이들은 무엇을 하더라도 안정감을 가지고 하게 되며 침착하게 살피는 능력을 가지게 된다. 당연히 집중력도 좋은 아이로 성장하게 된다.

이러한 상태가 되면 아이는 무엇을 해도 좋은 결과를 가져 올 수밖에 없다. 또한, 자신들이 어떤 것을 하고 싶은지, 내가 무엇을 주장하고 싶은지, 다른 사람이 무엇을 생각하고 느끼는지 등 주변을 살펴볼 수 있는 마음의 역량을 가진 아이로 성장할 수 있다.

11. 아이가 남의 물건에 손을 댄 경우 어떻게 해야 할까요?

내 아이가 부모 돈에 손을 대거나, 가게에서 물건을 훔치는 행동을 경우 부모는 당황하고, 화가 나기도 하고, 혼란에 빠질 수 있다. 이 경우 어떻게 하는 것이 좋은 대처 방법일까?

◎ 원인적 측면

아이들이 성장하면서 어떤 행동을 하는 데에는 '이유' 또는 '원인'이 존재한다고 볼 수 있다. 즉, 어떤 원인이 작용하여 그 행동을 하고 싶게 만드는 메카니즘이 형성되는 것이다. 이 경우 부모 입장에서는 이해가 안 되거나, 놀라게 될 수 밖에 없지만 언제부터인가 내아이가 자신의 욕구표현이나 마음 표현을 그렇게 하게 되었다는 점을 중요시 할 필요가 있다. 부모는 별 일 아니라고 생각하고 있는 점을 아이는 가슴속에 묻어두고 불만을 키워갈 수 있는 것이다.

가. 부모의 생활 스타일

과도한 통제, 잔소리, 음주, 아이를 대하는 태도, 부부싸움, 과도한절약 공평하지 못한 양육방식 등

나. 친구관계의 문제

친구관계가 원만하지 못하고 동떨어지게 되는 경우, 친구의 유혹에 의한 경우, 친구들의 강압에 못이겨 따라하는 경우 등.

◎ 부모의 대처

첫째, 먼저 원인을 아는게 중요하다. 왜 그런 행동을 하게 되었는지 원인을 먼저 알고 나서 화를 내도 늦지 않다. 화를 먼저 내거나 체벌을 하게 되면 '부모님 말씀이 맞지만, 기분이 나쁘게'되어 더 돌출된 행동을 할 수 있기 때문에 화부터 내는 부모에게 아이들은 말문을 닫아버릴 수 있다.

둘째, 원인에 맞는 대처를 해야 할 필요가 있다. 오히려 이러한 경우는 친구관계, 부모와의 관계를 다시 점검하는 소중한 시간을 갖게 되는 기회로 여기는 것이 올바르다. 무엇이 꼬여있는지를 파악하고 풀어나가는 노력을 해야 차후 발생되는 일을 막을 수 있다.

셋째, 왜 물건을 훔치면 안 되는지 강조해야 한다. 책임감, 도덕심이 형성되는 시기이므로 자신의 행동에 대한 책임, 피해 등을 강조해주고, 부모의 속상한 입장도 충분히 전달해 주는 기회로 만들어야 한다.

모든 대화시 '엄마는 나를 걱정하시는 구나', '이 부분은 정말중요하구나', '부모님들이 나를 소중하게 여기시는구나'라는 느낌이 전달되도록 마음자세를 유지하는 것이 중요하다. 똑같은 언어를 사용하더라도 어떤 태도, 마음자세로 이야기 하느냐에 따라 듣는 사람은 완전히 다른 느낌을 받게 될 수 있기 때문이다.

다음과 같은 방식으로 대화를 유지해보자

첫째, 아이와 마주 앉고 침착함을 유지하며 눈을 마주본다.

둘째, 대화 내용을 기록하면서 해본다.

(대화가 흐름을 타고 이어지며 말 바꾸는 행동을 방지하며, 일관성 있는 답변, 심리적 특징 파악, 대화에 대한 신뢰 등을 얻을 수 있다)

예 그냥…호기심 때문에…

친구가 시켜서… 등…

셋째, 아이에게 침착한 어투로 질문을 해본다.

'왜 그런 일을 했을까? ' 또는 '왜 그랬어?….'

아이 답변이 어정쩡하거나, 우물거린다면 다시 천천히 물어본다.

다섯째, 남의 물건에 손댄 행동에 대해 스스로는 어떤 입장인지 확인하도록 한다. - 이런 행동에 대한 스스로의 입장

여섯째, 앞으로 어떻게 하고 싶은지, 또는 어떻게 하는 것이 좋은지 질문한다.

일곱 번째, 질문과 대화 하는 방식과 이유를 설명해 준다.

(방향성을 가지고 개선하고자 노력하고 있다는 점을 전달)

- 훔치는 행위로 인해 발생되는 모든 일에 대한 책임감 부여.
- 향후 이런 일이 절대 발생되어서는 안 된다는 중요성 자각시킴
- 너의 행동으로 인해 엄마(아빠)는 현재 매우 속상하고, 안타깝고 걱정을 하고 있다는 메시지를 전달해야 한다.

위 사항을 실행하면서,

그 일이 매우 좋지 않은 행동이고, 이유를 불문하고 절대 해서는 안 되는 행동이라는 점을 아이에게 전달해 주어야 한다는 점이다.

12. 아이 행동이 감당되지 않고 힘이 드는 부모이야기

아이가 어떤 행동을 했을 때 유난히 힘들어 하고 짜증 또는 화를 내는 부모를 볼 수 있다. 자연스레 아이를 탓하며 아이가 문제라고 이야기 한다. 아이가 그렇게 행동하지 않으면 자신을 그렇게 반응하지 않을것이라는 입장이다. 일면 맞는 말인 듯 하지만 실제로는 다음과 같은 내용이 내재되어 있다.

첫째, 아이의 특정 행동을 보면 나도 모르게 답답하거나 짜증나는 마음

둘째, 아이 행동으로 내가 힘들다고 느끼는 마음

셋째, 아이가 아니래도 평소 힘들다는 느낌이 드는 마음

이 경우 아이의 특정행동으로 인해 부모의 해결되지 않은 심리적인 문제점들이 튀어 나오는 것이라 여기는 것이 올바르다. 실제 학습상담, 가족상담 장면에서 이러한 경우로 상담을 접하게 되면 다음과 같이 분석될 수 있다.

예 아이의 특정행동에 짜증남 -
내가 피곤하니까 -
나는 성격이 급하니까 -
평소 나는 피곤했으니까 -
사는 게 힘이 들다고 느끼니까 -
현실이 못 마땅하게 여겨지니까 -
옛날부터 내 삶은 그랬으니까 -

어린 시절부터 우리 부모들로 인해 나는 피곤했었으니까

라는 식으로 결국 부모자신이 지니고 있는 현재의 답답한 마음이 아이를 통해 뒤섞여서 표출되고 있다는 점이 분석되게 된다.

아이 행동이 감당되지 않거나 피곤함이 느껴진다는 것은 부모 스스로가 아이를 포용할 수 있는 마음의 공간이 부족함을 의미한다. 그만큼 부모가 현재 심리적으로 순환이 잘 되지 않는 상태라고 볼 수 있는 것이다. 아동과 학습상담을 진행하며 부모도 함께 선순환 시킬 수 있는 치료작업을 하는 것이 더 좋은 결과를 가져오게 된다.

13. 소심함에 대한 이야기

“소심한 놈”이라는 말을 일상생활에서 종종 하게되는 경우가 있다. 소심하다는 것은 마음이 작다라는 의미인데 우리는 보통 다음과 같은 메시지를 담아서 “소심하다”라는 말을 사용하게 된다.

첫째, 하는 행동이 눈에 거슬린다
둘째, 왜냐하면 그런 행동이 마음에 안 드니까
셋째, 000한 수준(내가 생각한 수준정도)으로 하면 될텐데 굳이 저렇게 할 필요가 있겠나 하는 생각 또는 그 정도는 당연히 해야지 안 그러면 마음에 안드니까
넷째, 그런 행동은 그만하고 좀더 크고 넓게 행동하라는 뜻
다섯째, 그래야 내가 마음이 편해지겠다라는 뜻.

소심하다는 표현에는 위와 같은 의미 또는 은유적이면서도 강압적인 메시지가 숨어 있다. 나는 현재 너에 대해 못마땅하다는 의미이며 이러한 일이 반복되면 화가 날 수 도 있다는 메시지이기도 하다.

◎ 소심한 이유

소심하다는 것은 그렇게 하지 않으려 해도 그렇게(소심하게) 행동할 수 밖에 없다는 의미이기도 하다. 소심한 마음은 별탈이 없거나 별일이 생기지 않길 바라거나 안정적이기를 바라는 마음의 표현이라 할 수 있다. 내 마음이 그러한 일을 겪지 않고 싶기 때문에 화끈하게 팍팍 반응하지 못하고 조금씩 반응할 수 밖에 없는 것이다.

또는 내 마음에 쌓여 있는 문제점으로 인해 특정 행동(가스밸브 잠금, 문잠금 등)이 마음에 거슬리면 이것이 내 문제점을 건드리게 되고 증폭이 되어 그러한 특정행동에 대해 확인하지 않고서는 못 견디는 구조를 띄게 되는 것이다.

◎ 소심함에 대한 올바른 해석과 접근

소심한 사람은 오히려 꼼꼼함, 조심스러움, 침착함, 확인습성 등을 잘 활용하여 개인의 발전에 기여 할 수 있는 방법을 찾아보는 것이 필요하다.

주변 가족 또는 동료들이 이러한 특성을 지닌 사람에 대해 비난하거나 놀리기 보다는 강점을 발견하고 칭찬해 주는 것이 필요하다.

실제 그렇게 하는 경우 그 사람의 능력은 좀더 꼼꼼하면서도 크게 보고 대처할 수 있는 능력을 습득하게 될 수 있다.

“**소심한 놈 = 뭔가 부족한 놈**”이라는 식으로 이해하고 놀리면 자긍심, 효율성 형성에 좋지 않은 영향을 끼치게 될 수 있다.

“소심한 놈”이라고 비난하고 놀린다고 해서 그 사람이 화끈한 성격으로 바뀌는 것은 아니다.

진정으로 도와주는 것은 위와 같은 방식으로 접근하고 기다려 주는 것이 필요하다.

“**있는 그대로를 수용하고 숨겨진 역량을 개발한다.**”라는 개념에 잘 부합되는 부분이라 할 수 있다.

학습코칭 사례 실습(Case Study)

사례 1

아이가 숙제를 했는데도 선생님이 반 전체에 대해 단체 기합을 주는 바람에 늦게 집에 왔다. 그리고 앞으로 1주일 동안은 오후 4시 이후에 귀가 시키겠다고 하셨다며 억울하고 화가 난다고 말하고 있다. 아이는 선생님이 너무 불공평하다고 불만을 터뜨리고 있습니다.

(1) 코치자가 고려해야 할 상황은 무엇입니까?
(선생님에 대해 어떤 언급을 하시겠습니까?)

(2) 코칭단계를 적용하여 코치해 보신다면 어떻게 하고 싶으십니까?

(3) 주의해야할 사항은 무엇일까요?

사례 2

A군은 성적이 우수하고 생활습관, 학교생활 모두에서 모범생으로 칭찬받고 있다. 엄마 역시 이러한 아들에 대해 대견해 하고 있다. 그런데 언제 부터인가 A군은 엄마가 안 계실 때 동생을 때리고 욕을 하는 일이 벌어지고 엄마의 질문에 대답을 잘 하지 않는 현상이 나타나게 되었다. 학습심리검사에서 역시 우수한 결과로 나왔다. 그런데 학습지도 선생님과 주변 이웃의 이야기는 A군이 과거와 달리 조금 어두워졌다고 말하고 있다.

(1) 코치자는 무엇을 확인해야 합니까?

(2) A군은 어떤 문제점이 발생되고 있는 것으로 보여지십니까?

(3) 학부모와 상담시 주의해야할 사항은 무엇일까요?

사례 3

유치원과 초등학교 2학년까지는 공부를 잘하던 아이가 점점 성적이 떨어지고 있다. 아무리 주변을 점검해 보아도 이유를 찾기는 어렵다. 특별한 변화는 없지만 좀 산만해 진 것 부분도 좀 있고 자주 짜증을 내기도 한다. 공부하는 것이 힘들다고 이야기 하지 않고 스스로도 성적이 떨어진 것에 많이 힘들어 하고 있다. 성적이 떨어지면 어떡하나 걱정을 하기도 한다.

(1) 코치자는 무엇을 확인해야 합니까?

(2) 어떤 문제점이 발생되고 있는 것으로 보여지십니까?

(3) 학부모와 상담시 주의해야할 사항은 무엇일까요?

쉽게 이해하는 코칭, 상담용어 및 기법

학습코칭용어 및 기법의 이해

1. 이완법(relaxation therapy)

정신적 긴장과 신체적 긴장을 완화하기 위한 치료기법으로 불교, 요가, 명상, 최면, 심상치료, 스포츠심리 등에서 다양하게 활용되고 있다.

무의식을 체험한다면 측면에서는 이완작업을 통해서 한다는 모두 동일한 특징을 지닌다. 이완한 이후에 어떻게 인도하고 분석하느냐에 따라 기법이 다르게 된다고 이해하면 좋겠다.

2. 투사(projection)

자신의 속성(단점)등을 타인에게 전가시킴으로써 자신의 좋지 않은 면을 자각하지 않으려는 방어기제 - 여우의 신포도 이야기

3. 투사법(projective technique)

애매한 자극을 통해 상상을 유도하고 내담자에게 어떻게 보이느냐, 무엇이 떠오르느냐 등의 질문을 통해 내담자의 욕구, 갈등, 성격특성 등을 탐색하는 심리검사

종류 : 로샤크 검사, 주제통각검사(TAT), 심상치료의 상 체험작업 등

4. 편집증(Paranoia)

매우 체계화된 피해망상, 과대망상을 나타낸다.

정상적으로 보이기는 하지만 일정영역에 가면 매우 강한 집착반응 등이 나타난다.

5. 치환(displacement), 전치

정서적 표적을 원래의 대상에서 다른 대상으로 옮겨서 나타내는 것

예) 자식이 없는 사람이 애완동물을 자식처럼 귀여워하는 것

동대문에서 뺨 맞고 서대문에서 화풀이 한다.

6. 전이(transference)

내담자가 과거에 경험하였던 대인관계중 중요했던 사람에게 가졌던 감정을 상담자에게 무의식적으로 표현하는 것을 말한다.

주로 부모-자녀관계의 정서를 재현하는 경우가 많다.

한 대상에서 다른 대상으로의 감정전이를 의미하기도 한다.

중요한 분석 자료라고 볼 수 있다.

7. 저항(resistance)

내담자가 자신에게 의미있는 경험, 사건등을 떠올리고 싶지 않을 때 나타나는 내담자의 방어기제를 말하는데 중요한 상담분석자료라고 볼 수 있다.

내담자를 이해하는 중요한 자료이며 중요한 치료방법을 찾을 수 있는 기회를 제공하기도 한다. 저항으로 인해 상담이 중단되기도 한다.

예 상담시간이 되면 갑자기 몸이 아프다거나,
상담을 그만해도 될 것 같은 느낌이 들기도 하고(가상치유)
상담자가 매우 못마땅하게 여겨지기도 하고,
갑자기 졸음이 오기도하고
머리가 멍해지기도 하는 경우

8. 자유연상(free association)

정신분석기법에서 사용하는 방법으로, 내담자가 눈을 감고 떠오르는 것을 자연스럽게 이야기(아무리 부적절, 부도덕한 일이라 하더라도) 하며 상담자는 그것을 자연스럽게 이야기 하도록 유도하는 기법이다.

마음의 스트레스, 히스테리, 억압 등을 표출하게 하는 방법이 된다.

* 저항이 있는 경우 자신에게 의미있는 것과 마주치게 되면 자꾸 다른 것으로 물체가 바뀌거나, 장소가 사라지는 등의 현상이 나타나고 집중을 방해받는 일이 벌어질 수 있다.

9. 자폐증(autism)

아동에게 나타나는 주요증상으로 스스로의 세계에 빠져서 외부 생활에 적응이 안되는 상태를 말한다. 뇌 기능의 장애로 인해 발생되는 경우도 있지만, 양육과정, 관계형성 등에서 발생되는 갈등으로 인해 심리적으로 폐쇄해버리는 현상이기도 하다.

예 억압적인 부모스타일에 의해 유아는 모든 행동을 제지당하고, 가만있도록 강요되는 경우 답답함, 짜증스러움, 욕구불만 등이 쌓이고 자신만의 세계로 들어가 버리는 경우이다. 자폐아동들은 화가 나거나 자신들의 행동을 제지 받는 경우 매우 심하게 반응하고 화를 내는 특징이 있다.

10. 억압(repression)

억압은 무의식적이고 비자발적인 특징을 지닌다.

고통, 창피스러움, 불안 등을 경험하게 하는 기억, 사건 등을 의식에서 강하게 밀어내는 과정을 말한다.

즉, 속상한 일을 경험하고 나서 화가 많이 나 있으면서도 아닌척 하고 "이젠 괜찮아", "잊어버렸어"라고 스스로에게 믿도록 만드는 작업을 하지만 깊은 마음(무의식)에서는 쌓여가는 구조로 되는 것을 말한다.

이 경우 평상시에는 잘 모르지만 꿈을 통해서 나타나기도 하고, 술, 약물 등의 힘을 빌어 억압된 내용이 튀어나오기도 한다. 또는 화가나는 경우 매우 심하고, 조절이 안되는 경우도 억압된 분노의 표출로 해석할 수 있다.

술마시고 행패를 부리고 그 내용을 잘 기억못하는 경우, 또는 필름이 끊기는 경우도 여기에 해당된다.

억압은 겉으로만 평온해 보이는 것 일뿐 실제 내부에서는 무거움, 답답함, 힘든 마음이 자리 잡는 특성을 띄게 된다.

신경증, 우울증, 이중적인 성격, 불안장애, 분노, 알콜 의존 등으로 이어지기도 한다.

11. 자제(suppression), 억제(inhibition)

의식적으로 사회적인 규칙, 질서 등을 지키기 위해 행동 등을 조절하는 행위를 말한다. 억압은 스트레스, 신경증 등으로 이어지는 반면 자제, 억제는 그런 특성이 비교적 약하다고 볼 수 있다.

12. 역전이(counter – transference)

내담자의 심리적 특성을 보면서 상담자 자신의 문제점을 건드리게 되고 이로인해 상담에 방해를 받는 현상을 말한다.

상담자가 힘든 마음을 경험하게 되는 경우이다.

13. 양가감정(ambivalence)

긍정적 감정과 부정적 감정을 동시에 가지는 경우를 말한다.

예를 들어 엄하고 무서운 아버지가 어머니에게 소리 지르고 비난하는 모습을 보면서 자란 아이는 힘들어 하는 어머니를 보면서 속상하고 아버지를 미워할 수 있다. 그러면서도 마음 한구석에는 아버지에 대한 사랑을 그리워하는 두가지 감정을 동시에 가질 수 있다.

14. 수용(acceptance)

내담자의 가치, 성격에 대해 중립적인 관심을 유지하면서 긍정적 태도로 내담자를 평가하지 않으려는 태도이다.

내담자가 현재 자신의 느낌대로 느끼고 행동할 권리가 있음을 인정하고 받아들여주는 것으로 상담자가 갖추어야할 중요한 요소라고 할 수 있다.

15. 무의식(unconsciousness)

인식이 안되는 분야이다. 평소에는 전혀 모르고 있고 기억이 안나는 영역이다. 꿈, 심상체험, 자유연상 등을 통해 무의식의 내용을 추적, 해석한다.

16. 반영(reflection)

내담자가 언급한 여러 가지 이야기를 상담자가 요점을 정리하여 분명히 확인하기위해 내담자에게 다시 이야기 해주면서 확인하는 작업을 말한다.

17. 명료화(clarification)

내담자가 방금 이야기 한 것을 분명하게 해주기 위해 진술하는 행위로써 비판을 하거나 가치판단을 해서는 안된다.

18. 긴장성통증증후군(Tension Myositis Syndrom, TMS)

허리통증, 어깨통증, 두통 등 의학적 문제가 없는데도 발생되는 통증이 결국 내담자의 무의식에 있는 심리적 문제로 인해 발생된다고 보는 현상이다. 최근 미국재활의학계를 중심으로 PTSD, 억압된 상처 등으로 인해 관절통, 근육통 등이 발생되는 환자의 상당수가 TMS 증후군이며 치료는 심리적 치료를 통해 통증에서 벗어날 수 있다고 제시하고 있다.

19. 라포(Rapport)

상담자와 내담자간의 따뜻하고 신뢰스러운 관계가 형성되는 것을 말한다. 보통은 상담초기에 형성해야할 중요한 상담요소이다.

20. 동일시(identification)

아이가 적당한 성인을 모델로 삼아 행동하는 현상으로 마치 그 사람과 같게 보이려고 하는 심리현상을 말한다.

21. 전의식(preconsciousness)

평상시에는 자각하지 못하지만, 어떤 순간 자극에 의해 떠오르는 의식. 의식과 무의식의 중간지점에 위치한다. tv에서 우연히 휴가때 방문했던 바닷가를 보여주면 그 당시 일이 떠오르는 경우가 해당된다.

22. 다중성격(multiple personality)

한사람에게 여러 가지 성격적 특성이 자리잡고 있는 것.

주로 내면의 심한 갈등, 스트레스 등으로 인해 자신의 자아를 쪼개서 살아가는 경우가 해당된다.

23. 내면화(internalization)

타인의 행동, 가치관, 의견들을 자신의 가치속에 병합하는 행위.

아동들은 부모의 태도를 내면화 하는 과정을 통해 부모의 성격과 흡사한 부분을 띄게 되는 특징을 보인다.

24. 해리반응(dissociation reaction)

억압과 관계된 신경증적 반응으로 기억이나 성격이 끊어져서 반응이 일어나는 것을 말한다. 주로 건망증, 다중인격 등이 해당된다.

25. 퇴행(regression)

좌절하게 되면 어린시절로 돌아가는 행동을 보이는 것을 말한다.

동생이 태어나면 첫째아이가 갑자기 소변을 가리지 못하게 되는 경우가 해당된다.

26. 통찰(insight)

잘 모르던 정서, 동기, 충동 등에 대해 어떤 계기를 통해(관계에 대한 이해) 갑작스럽게 해결되는 것을 체험하는 현상.

“아하..” 체험

27. 환각(hallucination)

감각기관에 자극이 없는데 실제 있는 것처럼 경험하는 것을 말한다.

정신분열증 증세에서 많이 나타난다.

왜곡되며 대상이 없이 나타나는 현상이다.

28. **경계선**(boundary)

가족치료에서 주로 사용하는 용어로써 가족간의 영역을 구분지어 주는 개념으로 이해할 수 있다. 물리적 개념에서 경계선은 눈에 보이지만 상담에서의 경계선은 눈에 보이지 않는 추상적 개념이므로 그 기능과 역할에 대해 자세히 살펴볼 필요가 있다.

가족치료에서 경계선은 탄력성 여부, 기능, 특성, 열렸는지, 닫혔는지, 병리적인지 등에 대해 살펴보는 개념이라 할 수 있다.

29. **체제**(System)

상호작용을 하는 요소들의 합(버탈란피)이라 할 수 있다. 요소는 체제안에 속하는 개체를 의미한다. 요소 < 체제

가족은 하나의 체제로서 생각하면 된다. 즉, 체제는 개체(가족구성원)들간의 상호작용과 개체들이 가지고 있는 속성들의 상호작용모두를 통틀어 전체를 구성한다는 의미로 이해할 수 있다.

가족체제 ------- 전체체제

↓

부부체제, 부모체제, 자녀체제 -------- 하위체제

체제, 전체제제, 하위체제.. 라는 용어들이 어렵고 혼란스러울 수 있기 때문에 위와같은 구조로 간략히 이해하면 무난하리라 본다.

30. **원장**(Ledger)

맥락가족치료이론에서 등장하는 개념으로 부모로부터 주어진 유산과 자신이 살아가면서 형성한 것들을 기록해서 계산해 놓은 장부를 의

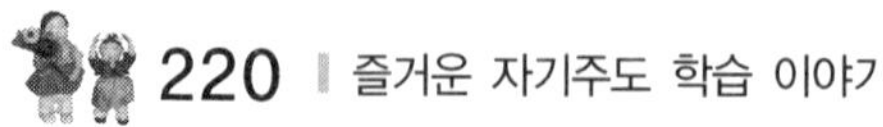

미한다.

쉽게 말해서 부모로부터 유산은 부모가 자식에게 유전적으로 물려준 것과 실생활에서 보여주고 학습시켜준 모든 것을 말한다. 긍정적, 부정적 유산으로 나눌 수 있는데 예를 들어 알콜중독자 아버지에게서 폭력까지 경험한 아이들은 자산보다 빚을 더 많이 물려받은 경우에 해당된다.

31. 분화(differentiation)

아이가 성장하면서 정신적, 신체적으로 부모로부터 분리가 되는 것을 의미한다. 분화가 어느정도냐에 따라 독립적인 생활을 하는지 아니면 마마보이가 되어 살아가는지를 판단할 수 있다. 건강하게 분화가 되어야 건강한 사회생활과 새로운 가정을 꾸렸을 때 건강한 부모의 역할을 할 수 있게 된다.

유아시기에 엄마와 하나되는 느낌으로 유아들이 살아가는 모습을 공생애(symbiosis)의 단계라고 하는데 아이가 성장했음에도 불구하고 부모가 계속적으로 자식의 생활에 깊이 개입하는 경우 서로의 생활이 붙어있는 공생애 단계에 머물러 있다고 할 수 있다.

성장하면서 부모와 자식은 분화가 잘 될수록 건강한 관계가 유지될 수 있다. 특히 현대사회에서는 더욱 이 부분이 요구된다.

32. 외상후 스트레스 장애(post traumatic stress disorder)

충격적인 사건을 경험하고 난 이후 불안상태가 지속되어 현실 생활에 어려움을 겪게 되는 증상을 의미한다. 교통사고, 재난(지진, 홍수, 폭발 등), 강간, 폭행, 유괴, 전쟁, 화재 등이 여기에 해당된다.

작은 사고에도 외상후 스트레스 장애는 발생할 수 있다. 이러한 일을 겪고 난 이후 그 사건이 재발할 것 같은 느낌을 경험하거나 강렬한 신체적, 심리적 통증을 겪게 된다.

또한, 외상과 관련된 장소, 대화, 사람을 회피하거나 정서적으로 무감각해지는 경향을 보일 수 도 있다. 예민한 각성상태가 지속되어 쉽게 놀라거나 집중력이 떨어지거나 불면증에 시달리고 화를 내는 등의 증상을 보이기도 한다. 소방관, 군인, 경찰, 등 이 직업적으로 외상후 스트레스 장애를 경험할 수 있다. 위험한일을 경험해야 하고 늘 다친 사람들을 보는 직업의 경우 간접적인 충격경험이 누적되어 제2의 외상후 스트레스 장애 증상으로 이어질 수 있다. 잠을 못자거나 늘 불안정하고 피곤이 누적되어 일상생활 적응에 제한되고, 업무에 대한 집중도가 저하되는 경향이 발생될 수 있다. 조직차원에서 적극적인 대처가 필요한 부분이라 할 수 있다.

33. 틱 장애(Tic disorder)

눈을 깜박이는 경우가 대표적이다. 동일한 음성을 반복하는 음성 틱이 있다. 유아기, 아동기에 주로 나타나며 몸과 손의 흔들림이 주요증상이다. 음성 틱, 운동 틱으로 구분한다.

34. 뚜렛장애(Tourette's Disorder)

틱과 함께 1가지 이상의 증상을 동반하여 나타나며 강박적 사고와 강박적 행동이 수반된다. 빠르게 반복적으로 불규칙하게 움직이는 상동적 근육의 움직임이나 발성을 의미한다.

❁ 저자 약력

■ 임재호

공군사관학교에 위치한 보라매리더십센터 상담교수로 재직중이며 교관조종사, 비행대대장, 지휘관, 참모를 대상으로 코칭, 상담분야를 담당하고 있다. 공군상담실무자, 여성고충상담관, 공군가족사랑리더십 프로그램 등을 직접 연구개발하여 공군의 상담체계 정립을 위해 노력하고 있다.

1999년부터 8년간 기업체, 비영리조직, 학원 등에 HRD 분야 컨설팅과 교육을 담당해왔으며 구리시정신보건센터, 한국심리치료연구소 등에서 상담을 담당하였고 현재는 한국학습코칭학회, 청주가족상담센터, 청주대, 서원대 평생교육원에서 "학습코칭지도사", "가족상담사" 과정을 운영중에 있다.

동국대, 경희대, 명지대에서 경영학, 교육상담, 심상치료를 전공하였으며 강남대, 영동대, 서울기독대에서 외래교수로 가족상담, 심리검사 등에 대해 강의하였다. 현재는 명지대 대학원 심상치료이론과 실습에 대해 강의중이다.

가족상담사1급, 군상담심리사1급, 상담심리전문가, 학습코칭전문가, 진로상담전문가, 심상치료사, 품질경영국제선임심사원자격, 부모교육지도자자격을 가지고 있다.

〈주요저서로는〉
- 『상담심리치료이론과 실제』, 『학습코칭이론과 실제』
- 『교관조종사 코칭상담연습교본』, 『공군 상담이론과 실제』
- 『품질경영시스템 기법을 도입한 공군상담체계 정립』 등이 있다.

인 지

즐거운 자기주도 학습이야기

초 판 1쇄 인쇄 — 2010년 3월 10일
초 판 1쇄 발행 — 2010년 3월 15일
지은이 — 임 재 호
펴낸이 — 전 두 표
펴낸데 — 도서출판 **두남**

서울시 강동구 성내 1동 455-12 두남빌딩
신고 : 제25100-1988-9호
(구 제2-624호, 1988. 7. 21)
TEL : (02) 478-2065~7, 478-2311
FAX : (02) 478-2068
E-mail : dunam1@unitel.co.kr
http://www.dunam.co.kr

정가 13,000원

ISBN 978-89-6414-081-9 93370